LE DÉPART
DE JEANNE DARC

DRAME HISTORIQUE EN DEUX ACTES ET EN VERS

PRÉCÉDÉ

De sa Biographie d'après des Documents authentiques

ET DU PLAN DE SES ENNEMIS JUSQU'A NOS JOURS

DÉDIÉS

A LA JEUNESSE FRANÇAISE

Par R. G.

Rédacteur aux *États-Unis d'Europe*.

> « Je m'en rapporte à Dieu, mon Droiturier
> « Seigneur, qui m'a commandé ce que j'ai
> « fait. Le bûcher serait allumé, je ne vous
> « dirais rien de plus!... »
> JEANNE DARC *au tribunal de l'Inquisition*.

Prix : 1 franc

PARIS

LIBRAIRIE CENTRALE DES PUBLICATIONS POPULAIRES

43, RUE DES SAINTS-PÈRES, 43

1879

LE DÉPART

DE JEANNE DARC

F. Philippoteaux.

Vers moi leurs bras tendus s'ouvrent avec tendresse,
Peuple béni de Dieu, quel transport, quelle ivresse
Dans le feu des combats si je devais périr,
C'est au milieu de vous que je voudrais mourir !

LE DÉPART
DE JEANNE DARC

DRAME HISTORIQUE EN DEUX ACTES ET EN VERS

PRÉCÉDÉ

De sa Biographie d'après des Documents authentiques

ET DU PLAN DE SES ENNEMIS JUSQU'A NOS JOURS

DÉDIÉS

A LA JEUNESSE FRANÇAISE

PAR R. G.

Rédacteur aux *États-Unis d'Europe.*

« Je m'en rapporte à Dieu mon Droiturier
« Seigneur qui m'a commandé ce que j'ai
« fait. Le bûcher serait allumé, je ne vous
« dirais rien de plus'... »

JEANNE DARC *au tribunal de l'Inquisition'*

PARIS

LIBRAIRIE CENTRALE DES PUBLICATIONS POPULAIRES

43, RUE DES SAINTS-PÈRES, 43

1879

A LA JEUNESSE FRANÇAISE

« Jeanne Darc est la Vraie Patronne
« de la Démocratie. Elle a tenu en un
« jour donné la France tout entière
« sous sa cotte de maille, et si la
« France existe encore en Europe, elle
« le doit à son épée ! »

EUGÈNE PELLETAN.

« A Orléans, Jeanne Darc avait
« combattu pour le Peuple. A Rouen,
« c'est encore la France, ainsi que la
« conscience humaine qu'Elle sert en
« opposant si grandement à l'autorité
« le libre génie gaulois, au clergé ro-
« main qui veut en dernier ressort pro-
« noncer sur l'existence de la France »

HENRI MARTIN.

I

A vous, Etudiants, Espoir de la Patrie,
S'adresse ce récit de poignantes douleurs.
Puisse-t-il constamment inspirer à vos cœurs
L'amour de la vertu, la haine de l'envie :
    Fais ce que dois toujours, advienne que pourra,
Etait de JEANNE DARC la plus chère devise,
Qu'elle soit *Vôtre* aussi, que rien ne vous divise,
Et le règne du *Bien* par vous s'accomplira !

II

Ainsi que JEANNE DARC a défendu la France,
Vous saurez la défendre en courageux soldats :
Toujours unis, et prêts à d'incessants combats,
Partout vous détruirez l'erreur et l'ignorance !
L'ignorance et l'erreur en tous lieux vont prêcher
Les lois du Syllabus et son œuvre profane ;
A l'Inquisition [1] elles ont conduit JEANNE !...
Fils de Quatrevingt-neuf, renversez leur bûcher !

III

Tandis que JEANNE DARC comme un soleil rayonne,
Jetant sur les Humains l'éclat de ses vertus !
Les hommes du passé ; par Elle combattus,
Voudraient prendre pour eux Notre Illustre Patronne !
Fils de la vieille Gaule, Elle !... c'est notre bien,
« C'est la France incarnée. » Exaltez sa mémoire,
Suivez tous son exemple : il conduit à la gloire...
De tous les opprimés JEANNE fut le soutien !

IV

Du château de Rouen, qui servit de calvaire
A notre doux Messie, en un temps de malheurs,
Il ne reste plus rien qu'une tour où les pleurs
De la noble Héroïne ont coulé sans colère.
Cette tour est sacrée et les jeunes Français,
Disciples dévoués à la Vierge de France...
Viendront y saluer la Gloire et l'Espérance,
La Justice et le Droit, l'Union et la Paix !

XIXe Siècle, 8 mai.

R. G.

BIOGRAPHIE DE JEANNE DARC

D'APRÈS DES DOCUMENTS AUTHENTIQUES

« Fais ce que dois. »
« Confiance et Espérance. »
« Aide-toi, le Ciel t'aidera. »

Maximes de JEANNE DARC.

I

JEANNE DARC, née au village de Domremy (dans les Vosges) en 1412. Sans autre éducation que celle que donne à une âme supérieure l'intuition du Bien, du Juste et du Vrai; comprenant de suite toute l'iniquité des guerres de conquêtes, montra aux Peuples ruinés et découragés, comment on fait la guerre défensive, *la seule légitime et la seule glorieuse!*

C'était une charmante Jeune Fille sous les habits de son sexe, et le plus gracieux chevalier dans son élégant costume de lieutenant du roi. La Chaste Enfant du Bois-Chesnu, sous l'une et l'autre forme, gardait toute la poésie de la beauté et de la distinction native qui émanait de toute sa personne. Elle était, sous tous les rapports, digne d'être cette pure Hostie offerte en sacrifice pour la rédemption du Peuple Français.

Ame supérieure, Cœur dévoué jusqu'au martyre, Intelligence extraordinaire. Sa religion était celle de *la Justice et du Dévouement* dont Elle portait les Initiales dans son Nom.

Témoin des horreurs de la guerre, des cruautés commises par les hommes d'armes sur les femmes et les enfants, Elle n'eut qu'un amour, celui de la France opprimée, qu'une volonté, celle de la délivrer; mais pour cela, il fallait changer l'humble houlette de la douce Pastourelle, pour l'épée de combat du Chef de guerre, afin d'humilier les superbes et de protéger les faibles! Que de luttes morales avec la famille et les préjugés, avant de réaliser ce projet d'où dépendait le salut de la France !...

On connaît les triomphes et le martyre de l'Héroïne, mais ce que beaucoup ignorent, ce sont ses luttes fatigantes, en dehors des champs de bataille, contre les sourdes menées du conseil du roi, et le mauvais vouloir des envieux qui l'entouraient, lesquels travaillaient à sa défaite par tous les moyens. Peu de personnes savent ce qu'il lui fallut déployer de patience et d'énergie dans ces discussions incessantes pour déjouer chaque jour leurs plans criminels et les forcer à suivre les siens. Le Peuple seul savait l'apprécier et la servir.

Avant d'obtenir le commandement de cette poignée de soldats qu'Elle devait conduire au secours de l'héroïque ville d'Orléans. Elle dut subir pendant des semaines et des mois *les subtilités théologiques* des docteurs de l'église! En lisant ses réponses si précises et en les comparant aux ambiguïtés de la scholastique, on comprend combien son esprit remarquable qui, dans une courte phrase, réduisait à néant toutes les objections, était loin de ressembler à celui que les *rapsodes Bourguignons* prêtaient à la Jeune Inspirée.

JEANNE avait pour principe : *Aide-toi, le Ciel t'aidera !* comme le prouvent ses réponses au clergé de Poitiers : lorsque l'archevêque de Reims *Régnault de Chartres* qui le présidait, lui disait d'une voix aigre où perçait la malveillance : « *Si Dieu veut « rendre la France au roi, il n'a pas besoin de vous « pour cela.* » Sans s'arrêter au peu de courtoisie de cette insinuation : « *Qu'on me donne des gens « d'armes,* répliquait JEANNE, *les soldats batailleront, et Dieu donnera la victoire.* » Mais reprenait un autre docteur qui gasconnait horrible-

ment : « *pourriez-vous nous dire si les saintes qui*
« *vous apparaissent parlent un bon français ?* » —
« *Meilleur que le vôtre !* » s'écriait la courageuse
Enfant à bout de patience. — « *A quoi sert de me*
« *garder ici à discuter quand Orléans m'attend pour*
« *sa délivrance ?* » — « Enfin, continuait une autre
« lumière théologique, *pour prouver votre mission,*
« *vous devez avoir un signe ?... Montrez-le ?...* » —
« *Ah !* exclamait l'Héroïque Chevalière, *que de*
« *temps perdu, je ne puis que vous répéter, donnez-*
« *moi des hommes d'armes et je ferai lever le siége*
« *d'Orléans. Voilà mon signe !* »

Subissant malgré eux l'ascendant de ses convictions et voulant tenter une dernière épreuve pour
ruiner son influence : sur sa volonté exprimée
d'écrire aux Anglais avant de les attaquer, ils la
mirent en demeure, séance tenante, de dicter cette
sommation². Jeanne aussitôt dicta ce message
en termes si dignes, avec une si grande élévation de
pensées (et cela sans la moindre hésitation), que le
conseil ecclésiastique subjugué vota à l'unanimité
le départ de Jeanne, sans que l'archevêque Régnault osât s'y opposer.

Jeanne Darc avait à peine dix-huit ans, lorsque
le commandement de l'armée lui fut confié par

lettres patentes du roi, lesquelles lui donnaient le droit d'imposer ses plans aux autres chefs. Son esprit supérieur surpassait dans l'art militaire les plus grands capitaines de son temps. Sa volonté puissante lutta vaillamment contre le mauvais vouloir des généraux, qui durent plus d'une fois s'incliner devant les savantes dispositions de la Jeune Inspirée toujours victorieuse, jusqu'au moment où la trahison persistante triompha !

JEANNE réunissait au plus haut degré ce qui charme le plus dans les deux sexes, alliant à la douceur pudique de la Jeune Fille, la virile fermeté du général conscient de sa responsabilité. Sa taille au-dessus de la moyenne était svelte et bien prise, ses formes élégantes, ses manières aussi nobles *« que si Elle avait été élevée parmi les grands »* . »

Sa physionomie d'un ovale parfait offrait un ensemble de traits d'une distinction extrême, ses sourcils finement dessinés ombrageaient de beaux yeux bruns et donnaient une expression de douceur infinie à son regard inspiré. Sa bouche légèrement arquée respirait une bonté franche en indiquant cette finesse d'esprit qui la caractérisait, la pureté des lignes était remarquable. Ses cheveux châtains naturellement ondulés se dessinaient en pointes

régulières, coupés à la façon des guerriers de
l'époque et rejetés en arrière, découvraient un front
admirablement proportionné où se lisaient l'intelligence et les hautes capacités dont Elle était si
merveilleusement douée. Qu'on joigne à tous ces
charmes celui de posséder une voix sympathique
dont le timbre accentué dans le commandement
avait raison des plus récalcitrants.

« *Je disais entrez au milieu des Anglais et j'y en-*
« *trais moi-même* [1]. » JEANNE avait la repartie
vive, et une prévoyance rare dans ses plans. Un
style qui ne laissait rien à désirer et portait son
costume de chevalier avec la noblesse d'un prince.
On peut donc se faire une idée du pouvoir fascina-
teur qu'Elle exerçait sur les âmes d'élite qui savaient apprécier sa valeur morale et intellectuelle !

A ceux qui plus tard préludèrent à son supplice
en lui faisant un grief du costume masculin, Elle
répondait avec autant de raison que ses contradicteurs étaient insensés : — « *Ayant à commander à*
« *des hommes, je devais être vêtue comme eux, afin*
« *de ne les point distraire de l'œuvre de la déli-*
« *vrance !* »

Sa sensibilité était extrême pour tous ceux qui
souffraient. — « Oh ! disait-Elle en frémissant, « *la*

« vue du sang français me fait dresser les che-
« veux. »

On peut juger par là, ce qu'il lui fallut déployer de force et d'énergie pour se jeter si résolûment au milieu des massacres de la guerre afin
d'exciter l'enthousiasme de ses soldats et ramener
les fuyards au combat. — *« Mais il y avait une si
« grande pitié au royaume de France! »* disait-Elle
avec attendrissement.

Ses larmes coulèrent plus d'une fois sur les
champs de bataille, les Anglais ressentirent bien
souvent en diverses occasions les effets de sa tou-
chante bonté, en sauvant la vie des prisonniers,
Elle fut même obligée, dans plus d'une occasion,
d'employer son autorité de Chef de guerre, pour
les soustraire aux représailles, que leurs cruautés
envers les Français pouvaient expliquer.

JEANNE ne se servait de ses armes qu'à la dernière extrémité pour repousser l'assaillant. —
*« Préférant sa bannière mille fois plus que toute autre
« défense. »* — *Ah!* s'écriait-Elle dans la joie de
son cœur, *« Mon épée n'a jamais donné la mort à per-
« sonne!*

Toutes les puissances affectueuses de son âme
étaient concentrées dans cet amour immense

qu'Elle ressentait pour tous les opprimés. Sa devise de prédilection était : « *Fais ce que dois!* » (qui fut à un siècle de distance celle de Bayard). Son caractère loyal et chevaleresque méprisait *les deux poids et les deux mesures*, si chères aux classes dirigeantes de toutes les époques, et combien la mauvaise foi et l'iniquité des prétendues lumières de l'église durent soulever de dégoût son cœur si noble et si généreux.

LA POLITIQUE DE JEANNE DARC ne ressemblait en rien aux finasseries diplomatiques qui, sous des formules courtoises, à l'aide de certains mots qu'on peut interpréter selon les besoins de la circonstance, renferment un arsenal d'engins destructeurs avec des tonneaux de poudre à faire tout sauter : famille, propriété, religion, lois divines et humaines.....

La politique de JEANNE était tout entière à la paix et à la conciliation afin de ramener autour du trône qui représentait la France, tous les princes dissidents tout en travaillant à la désagrégation du parti anglais.

On ne saura jamais ce que JEANNE dépensa d'intelligence et d'énergie dans sa correspondance pour arriver à son but.

Ce furent d'abord des sommations aux Anglais pendant le siége d'Orléans. Son secrétaire, le chevalier de Graville, écrivait chaque jour sous *sa dictée à Talbot, à Salisbury, au duc de Bedford* pour éviter le sang et le carnage des batailles, aux commandants des villes qu'Elle devait traverser en allant à Reims les priant de se rendre au nom de *son droigturier Seigneur* afin d'épargner le sang français versé par des mains françaises. — Puis au roi, pour l'engager à accepter les secours du comte de Richemond, ce seigneur breton qui vendait sa vaisselle pour solder des défenseurs à la cause française. Ensuite, au duc de Bourgogne, essayant de parler à son cœur pour lui faire comprendre qu'un prince français ne devait pas pactiser avec les ennemis de la France!

Tous ses efforts pour galvaniser ces cadavres furent vains; mais Elle n'en continuait pas moins de suivre cette maxime : « *Fais ce que dois, advienne que pourra!* restée une des maximes fondamentales de la religion de ses Fidèles!

Malheureusement ces lettres (dont une partie nous est conservée dans les archives) n'arrivaient pas toutes à leur adresse, le chevalier de Graville surprit un soir un espion de Latrémouille en train

de détourner une correspondance de JEANNE à qui
il s'en plaignit amèrement.

JEANNE n'ignorait donc rien des noirceurs de ses
ennemis, des trahisons de Latrémouille et de la
lâcheté du roi; mais Elle ne fit jamais rien paraître
de son désespoir intime. Rien ne pouvait ébranler
son courage et sa foi dans l'œuvre de la délivrance.

Charles VII, comme toutes les natures infé-
rieures, subissait les natures perverses, c'est ce qui
explique sa soumission envers son premier ministre
et ses résistances à JEANNE, qui le suppliait de se
montrer; au siége de Paris, c'était la victoire assu-
rée; mais le monarque tout fier de parader dans
les entrées triomphales que JEANNE lui préparait,
ne se souciait pas plus que son cher ministre Latrémouille de courir les dangers d'une bataille
et ne voulut, à aucun prix, se rendre aux instances
de sa Libératrice, préférant donner carte blanche
à son conseil pour le guet-apens qu'il méditait
contre Elle !

Au moment de partir pour le siége de Paris,
ELLE reçut un ambassadeur du Prince d'Armagnac, retiré en Suisse, qui lui demandait lequel
des trois papes, gouvernant alors l'Eglise, était *le
vrai?*... celui de Rome? celui d'Avignon ou le

premier dépossédé du trône par le successeur ?

JEANNE fit écrire au Prince qu'ELLE *n'avait pas le temps d'examiner cette question et de la soumettre à son droigturier Seigneur le Roi du Ciel : que l'essentiel pour plaire à Dieu était d'être juste et bon envers les malheureux !*

Blessée devant Paris, perdant son sang, épuisée et profondément atteinte par l'ingratitude d'un prince inepte, Jeanne voulait mourir à la place où Elle avait été frappée, lorsqu'un capitaine, autrefois hostile, touché de tant d'héroïsme, vint avec ses gens pour la remettre à cheval, et ne sachant comment fléchir sa résistance : — Compiègne vous attend, lui dit-il.— Ah ! répondit JEANNE DARC, « ne faut-il pas aller au secours de nos gens. » Et ELLE se laissa mettre à cheval, toute blessée et sanglante ; mais quelques jours après, voulant revenir prendre Paris, le seul pont qui pouvait permettre à l'armée d'y revenir, avait été coupé par ordre du roi !...

On connaît la trahison de Guillaume de Flavie, gouverneur de Compiègne, qui ferma ses portes au moment de sa rentrée.

La joie fut immense parmi les cléricaux et les Anglais en apprenant sa captivité ; les premiers allaient pouvoir humilier Cette Enfant si Superbe.

qui avait fait de si grandes actions sans leur concours, et les seconds tenaient enfin CELLE qui leur avait porté de si rudes coups en les chassant de tous les pays. La cléricale université de Paris fit allumer des feux de joie et deux femmes furent brûlées pour avoir dit que JEANNE DARC ÉTAIT UNE VRAIE SAINTE.

Le désespoir fut grand parmi les *pauvres* gens qui avaient connu *l'Enfant des chaumières*, mais l'exemple des deux malheureuses brûlées en place de Grève pour crime de sympathie envers ELLE, imposait à tous une grande prudence.

Mais ce que l'histoire ne pardonnera jamais à Charles VII, c'est de n'avoir fait aucune démonstration en faveur de celle qui l'avait couronné. Il lui était si facile de la demander en échange des capitaines et des autres officiers prisonniers des Français. Son mutisme en cette circonstance prouve, avec la dernière évidence, que la vertu de JEANNE DARC et ses capacités lui étaient devenues à charge, à lui comme à ses dignes lieutenants !

Nous ne suivrons pas cet infàme procès, où l'inquisition s'étale dans toute sa hideur; nous n'avons voulu en garder que les paroles de JEANNE DARC.

Toujours préoccupée de ceux qui souffraient, ELLE espérait, une fois la délivrance de la France achevée, courir délivrer les chrétiens du joug des Ottomans, et s'assurait d'avance du concours des généraux capables de la seconder dans son dessein. En cette question, comme en beaucoup d'autres, sa politique différait de celle des rois.

Autour de JEANNE DARC, il y avait une atmosphère de pureté qui détruisait instantanément toute pensée légère. Dans toutes les dépositions du second procès de révision, on en trouve des preuves abondantes; le *Comte Dunois* avoue que l'homme le moins réservé était subitement transformé au contact de JEANNE qui inspirait à tous, un tel respect, qu'aucun autre sentiment ne pouvait trouver place dans son entourage.

De six à sept heures du soir le service des hommes écuyers, pages ou valets, faisait place à celui des femmes choisies parmi les premières dames de la ville où se trouvait l'armée, et lorsqu'en campagne JEANNE se trouvait privée d'une personne de son sexe, Elle se faisait désarmer par son frère *Pierre* âgé de quinze ans qui ne la quittait jamais, et s'enveloppant de son manteau, Elle se couchait tout habillée auprès de lui[3].

La Jeune Sainte avait-Elle une intuition de la noirceur de ses ennemis?... Prévoyait-Elle leurs mensonges et leurs calomnies? toujours est-il que ses précautions attestées par les témoins oculaires, ruinaient d'avance leurs perfides insinuations!

« Elle était bonne et charitable aux malheureux, » disent toutes les chroniques du temps. JEANNE économisait tout ce qu'Elle pouvait sur les dépenses de sa maison « pour soulager la grande « misère des pauvres gens. » D'Aulon, son intendant, était le dispensateur de ses économies!

JEANNE eût été bien étonnée si on lui eût appris qu'un jour les gens d'église arracheraient aux malheureux leur dernière bouchée de pain, sous le nom du denier de Saint-Pierre, et réaliseraient ainsi chaque année des millions qui servent à l'entretien de leur luxe et de leur puissance. Qu'aurait-Elle pensé de ceux qui, laissant mourir de faim leurs semblables, envoient des trônes d'or et des tiares enrichies de diamants aux papes?...

Jeanne Darc, le nouveau Messie de la seule vraie Religion : *Justice et Dévouement*, en constatant la cupidité des premiers et la stupidité des seconds, aurait pensé que les uns et les autres violaient la loi divine !

Dans toutes les circonstances de sa vie glorieuse et douloureuse Jeanne Darc conserva intacte l'auréole poétique qui l'enveloppe : soit qu'au milieu de son état-major Elle marche de succès en triomphes, rapportant tout à Dieu, « *son seul Droiturier Seigneur !* » soit que, chargée de lourdes chaînes meurtrissant son corps affaibli dans les longues souffrances du cachot; ou que sur le bûcher dernière station du Messie de la France, Jeanne Darc, *cet Unique Chevalier de la Justice et du Dévouement,* pardonne à ses bourreaux en expiant le crime d'avoir sauvé le pays en dehors de l'intervention cléricale !...

Jésus avait dit : « Toute la loi de Dieu est renfermée dans ce commandement :

« Aimez-vous les uns les autres, ne faites pas à « autrui le mal que vous craignez; mais faites-lui « tout le bien que vous souhaitez pour vous-« même ! »

Jeanne *avait accompli l'esprit et la lettre de cette loi divine et humaine* dont Elle était l'image vivante, et voilà que les prévaricateurs qui la transgressaient, ces tortionnaires de l'inquisition, si ingénieux dans leurs raffinements de cruautés*, ces criminels de lèse-humanité, n'ayant pu vaincre l'Héroïne sur les champs de bataille, ni dans ses convictions ; après une année d'horrible agonie, se donnent la joie de la faire brûler comme Hérétique !!!

Mais *l'assassinat* n'est pas une réponse, ni *le fagot* une raison ! La Philosophie et la Libre-Pensée n'ont jamais brûlé personne ! *Leur indulgence* pour toutes les aberrations humaines est aussi *grande* que *la haine* du fanatisme pour la science et le progrès, aussi le dernier mot restera-t-il infailliblement à la science et à la raison. C'est pourquoi les admirateurs du Jeune chef de guerre n'accepteront jamais les prétentions du clergé d'en faire une sainte de sa façon.

Non, les descendants de l'évêque cauchon et autres inquisiteurs n'ont pas à canoniser Jeanne Darc, cette sublime protestante, dont toute la vie a été une *protestation énergique* contre toutes les iniquités, d'où qu'elles viennent !

Les Nations n'ont pas attendu les prétentions intéressées du clergé après ses 447 ans de réflexion. Elles ont à l'unanimité sacré la Vierge Française comme la Patronne des Peuples, et la révèrent comme la plus grande Sainte des siècles passés et futurs !

En persistant dans cette tâche de canonisation surannée, dont le but cupide n'est un secret pour personne, le clergé s'appliquerait lui-même sur les deux joues les soufflets que l'histoire lui prodigue avec une justice qui ne s'arrêtera jamais. S'il espère battre monnaie sur la statue de JEANNE DARC et s'en faire des rentes, comme sur *celles* de la Salette, de Lourdes et autres madones, il se trompe de siècle. JEANNE DARC, sortie des entrailles mêmes du Peuple pour *le constituer en délivrant la France*, est bien à lui, et non à ceux qui font tous leurs efforts pour le replonger dans les ténèbres du moyen âge et de l'Inquisition.

JEANNE DARC appartient encore à toutes les Nations soucieuses de leur dignité : — *Aux États-Unis d'Europe*, qui saluent dans le *Jeune Chef de guerre du quinzième siècle*, la protestation vivante contre les guerres de conquêtes ; — aux Patriotes, — aux Protestants de toutes les religions qui mettent, comme Elle, Dieu au-dessus de toutes les finasseries scholastiques contenues dans le grimoire théologique ; — aux Libres-Penseurs en leur donnant l'exemple d'une lutte permanente contre les préjugés. — Enfin JEANNE DARC appartient à tous ceux qui combattent POUR LE TRIOMPHE DE

LA JUSTICE ET DU DROIT, dont ELLE EST la personnification la plus élevée, comme Elle en fut la revendication la plus énergique !... C'est dire assez que le clergé n'a aucun profit à retirer de son amende honorable envers l'*Illustre Martyre !*

Le temps, qui use toutes choses, affaiblit les souvenirs les plus chers, efface toutes les gloires de convention, ruine les monuments les plus solides ; ne fait qu'ajouter chaque jour aux prestiges de la *Vierge Française* dont la gloire incomparable et le mérite sont sans parallèle dans l'histoire des Peuples !... Et, tandis que le fanatisme clérical sera à jamais *cloué* au pilori de la Justice des Nations, *le bûcher* de la place de Rouen est devenu le Phare lumineux qui éclaire les Hommes du Progrès.

JEANNE DARC, de toutes les Vertus, restera éternellement le plus parfait modèle qu'on puisse offrir à l'Humanité tout entière !

PLAN DES ENNEMIS DE JEANNE DARC JUSQU'A NOS JOURS

SES ÉCRIVAINS ET SES ARTISTES

« Ils firent périr par le feu Celle qui aurait eu des
« autels, dans les temps héroïques où les hommes en
« élevaient à leurs libérateurs. »

VOLTAIRE

« JEANNE DARC est venue parmi nous et ses disciples seuls l'ont reconnue ! »

R. G

Le mensonge et l'erreur sont les armes favorites
de la perversité.

LE MÊME.

Les mauvaises natures ont cela de particulier,
que plus elles ont persécuté un Etre Supérieur,
plus elles s'acharnent contre sa mémoire. Ainsi
s'explique l'abominable complot des ténèbres
contre la lumière, traversant les âges jusqu'à nous,
en essayant, par tous les moyens, d'obscurcir la
glorieuse auréole de JEANNE DARC !

Pendant plus de quatre siècles, les légendes royalistes bourguignonnes et cléricales, répandues avec
la bonne foi qui caractérise *la mauvaise race*, ont
eu beau jeu pour dénaturer l'histoire de l'Enfant

des chaumières dont les hautes vertus étaient une si sanglante critique des vices et des crimes, des princes du trône et de l'autel!

Ces derniers se sentant écrasés du poids de Cette Gloire Illustre entre toutes, ne cessèrent de l'amoindrir ou de l'obscurcir par tous les moyens que mettaient à leur disposition la plume, le crayon, le ciseau ou le pinceau de leurs hommes-liges.

Les vils rapsodes du moyen âge s'entendirent donc avec les artistes courtisans, pour seconder les prétentions jalouses de leurs patrons. Ne fallait-il pas à tout prix sauvegarder les *augustes* amours-propres de tous les criminels qui avaient entravé l'œuvre de la délivrance? Ne pouvant effacer les victoires d'Orléans, de Patay, de Jargeau et de tant d'autres villes, encore moins atténuer l'effet produit sur les contemporains des prophéties réalisées à la lettre par la Jeune Prophétesse, et dans l'impossibilité d'expliquer l'inaction des uns et la trahison des autres; on inventa l'ingénieuse fable de la désobéissance de JEANNE DARC à ses voix, qui, selon eux, limitaient sa mission au sacre de Reims. Alors Dieu l'avait abandonnée, donc personne n'était coupable!... Etait-ce assez réussi?...

Et pour achever l'œuvre infâme, *du parti pris*

contre la mémoire de JEANNE DARC : aux altérations de l'histoire succédèrent les images grossières, les gravures ineptes, aux costumes tronqués, représentant des bonnes femmes hors d'âge, habillées à la François Iᵉʳ, ou en amazones grotesques !... et sur des dessins rivalisant de mauvais goût, des artistes sans vergogne profanaient le nom révéré de JEANNE DARC!

Mais le couronnement de l'édifice élevé contre la Libératrice de la France par les rapsodes royalistes et cléricaux fut une trouvaille digne d'eux.

Si nous relevons ici cette insanité, c'est qu'il importe de prémunir *la Jeunesse Française* contre les inepties des propagateurs de faussetés, puisqu'il se trouve encore, de nos jours, des ignorants qui osent rééditer cette invention du Saint-Office, laquelle consiste à nier effrontément le supplice de JEANNE DARC, en s'appuyant sur un document des archives de la ville d'Orléans, qui mentionne que Jeanne, mariée au sire des Armoises, est venue, en 1437, à Orléans, où les échevins de la ville lui ont offert, en souvenir de ses bons services pour la cité, une pièce d'argenterie de 250 livres.

Pourquoi *les érudits de si bonne souche* s'arrêtent-ils en si beau chemin? et comment se trouve-t-il

des Français pour répéter la moitié de cette aven-
ture? N'ayant pas les mêmes raisons que ces érudits pour nous taire, nous en dirons la fin, et nos
lecteurs jugeront de la bonne foi de ces historiens
de pacotille.

Madame Jeanne des Armoises, profitant de sa
ressemblance avec JEANNE DARC, ayant si bien
réussi à Orléans, crut pouvoir tromper aussi facilement Charles VII, et se faire une belle position à
la cour : elle vint donc à Paris et se présenta au roi ;
mais ce dernier, surpris d'abord par cette ressemblance, lui dit : « *Si vous êtes vraiment* JEANNE DARC,
« *vous devez connaître le secret qu'Elle m'a révélé,*
« *lorsque je la vis pour la première fois.* »

A ces mots, Jeanne des Armoises se troubla, et
se jetant aux pieds du roi Charles, lui demanda
pardon en avouant sa supercherie. Malgré ses fai-
blesses, Charles VII n'était rien moins que tendre,
aussi demeura-t-il inflexible, et la faisant arrêter,
il la fit exposer, au Palais de Justice, sur la table
de marbre, *comme coupable de mensonge et de four-
berie!*

Les écrivains qui nous ont précédé devaient-ils
copier si légèrement les rapsodes aux gages des
princes?... et les sculpteurs, peintres et graveurs,

qui les secondaient dans leur iniquité, pouvaient-ils invoquer comme circonstances atténuantes leur servilisme ou leur ignorance?... Nous laissons à d'autres le soin de résoudre la question ; mais nous ferons remarquer *aux Contemporains* que si on a le droit de douter d'une foule d'assertions présentées comme articles de foi par des gens payés pour cela ; on n'a pas celui de révoquer la Vie Héroïque et le Martyre de JEANNE DARC, attestés par plus de cent cinquante témoins oculaires dans le procès de révision dont l'instruction dura dix ans !

L'arrêt de réhabilitation de JEANNE DARC, prononcé en 1456, est regardé par ses Fidèles comme la condamnation solennelle et irrévocable du clergé et de l'inquisition, son naturel soutien !

Aussi avec quel étonnement ont-ils constaté qu'à notre époque encore il peut se trouver un artiste de talent pour parodier la plus poétique de toutes nos Gloires Nationales, sous la figure de ce petit garçon cuirassé de la place des Pyramides : à la mine refrognée, coiffé de bandeaux plats, surmontés d'une auréole insensée, posé à cheval comme une paire de pincettes, servant d'accessoire et de prétexte à un étendard fleurdelisé !

Tous les passants se demandent à quelle fâcheuse

influence a dû obéir l'artiste pour oser produire une œuvre aussi peu digne de la France que de son Héroïne !...

Le Peuple ne s'y est point trompé. Cet hommage tardif, offert à JEANNE DARC par une Assemblée réactionnaire, devait porter l'empreinte de la conspiration que nous avons signalée plus haut. La France, maîtresse d'elle-même, saura remettre les choses à leur place ! Alors on ne verra plus le nom révéré de JEANNE DARC et celui de ses victoires, désigner des rues excentriques où le vol, l'immoralité et l'assassinat se disputent la préséance.

Non, la France Républicaine, fière de son Héroïne, ne lui ménagera pas le témoignage de sa reconnaissance, et saura, afin d'en perpétuer le souvenir, lui élever une statue équestre à la place même où, blessée au siége de Paris, et trahie par les royalistes, la Vierge Française atteignait la première station de son douloureux calvaire !

Après les documents authentiques des archives nationales, cités par Lebrun, Quicherat, Michelet, etc., etc., l'Histoire populaire d'Henri Martin, etc., etc., cette persistance à ridiculiser d'une façon ou d'une autre le personnage de JEANNE DARC, serait une preuve d'incurable ignorance, ou ce qui

est bien pis, *un indice de solidarité* avec les bourreaux de l'Illustre Victime, qui ont laissé à leurs
descendants la tâche odieuse de continuer leurs
outrages sur la mémoire de la Sainte Martyre?

PRÉFACE

Le Messie du quinzième siècle et ses Judas. — JEANNE DARC et
M. d'Avrigny. — Pourquoi ce drame? — Le double but de
l'Auteur. — Anecdote sur Raymond.

> « JEANNE DARC est au-dessus du dire! »
> FRANÇOIS Ier.

JEANNE DARC, n'en déplaise aux détracteurs de
sa gloire et aux indifférents, Est un vrai Messie. On
nous a dit que Jésus pour le trahir eut un Judas,
ceux de JEANNE se comptaient par douzaines, et le
jour où les Auteurs dramatiques se donneront la
peine d'étudier et d'approfondir la scélératesse des
classes dirigeantes qui entravèrent sa marche triom-
phale ; ce jour-là, ils feront un chef-d'œuvre et
bien des pièces sur ce sujet rentreront dans l'oubli
d'où elles n'auraient jamais dû sortir.

Ainsi, pour n'en citer qu'une, la tragédie de
JEANNE DARC, par M. d'Avrigny, jouée aux Fran-

çais, en 1819, trône dans son répertoire à l'exclusion de toute autre. Et ce théâtre subventionné n'a pas encore une JEANNE DARC historique.

Or, voyons ce qu'a fait M. d'Avrigny de la situation poignante du Jeune Chef de guerre livré à ses ennemis par la trahison des princes et traîné de cachot en cachot avec des raffinements de cruautés qui feraient honte aux Cannibales!... Il en a composé une tragédie de salon si proprement édulcorée, si gracieusement adoucie, voilant avec une telle adresse l'infamie du duc de Bedfort, qu'on serait presque tenté de le plaindre de n'avoir pu trouver un autre moyen de se défaire d'une Prisonnière qui le gênait qu'en l'envoyant au bûcher de l'Inquisition!...

Dans le nombre considérable de pièces faites sur l'Héroïne, son caractère est toujours dénaturé comme à plaisir et nous avons vainement cherché la VRAIE JEANNE DARC à qui le Peuple Français doit sa première étape dans le chemin de l'affranchissement et du Droit ; et nous sommes persuadé, qu'il est impossible de faire une œuvre de valeur dans un seul drame, attendu que cette grande épopée présentant deux phases distinctes : *Le Triomphe* et *le Martyre*, ne peut se renfermer dans une seule pièce! Persister à confondre ces deux drames dans un seul avec des tableaux multiples, c'est se résigner d'avance à ne faire qu'une œuvre châtrée, fatigante pour le spectateur et indigne du sujet.

Le départ de JEANNE DARC pouvait ne former qu'un acte, sans la nécessité de faire reposer l'Artiste chargé du premier rôle. Cette œuvre, sous l'apparence d'un prologue, donne une idée aussi exacte que possible de la situation de cette époque, des angoisses de JEANNE et des épreuves terribles de son existence merveilleuse: grâce aux péripéties de l'action et aux visions de la Jeune Inspirée qui vient de se transformer *en Chevalier de la France*, et voit se dérouler sous ses yeux, ses joies, son triomphe, ses douleurs et son martyre, rendus visibles aux spectateurs, au moyen de tableaux plastiques ou transparents, dont un directeur habile saura tirer un grand parti. De même qu'il peut les supprimer, dans le cas où son théâtre ne lui permettrait pas cette mise en scène.)

Nous nous sommes renfermé dans le cercle étroit de deux actes, se passant à Domremy, dans la forêt du Bois-Chesnu, sans changement de décors et pouvant se jouer sur tous les théâtres, voire même dans un salon. C'est pour cette raison aussi que *le départ* s'effectue *sous l'arbre du Beau-Mai*, au lieu, de Vaucouleurs comme l'histoire l'indique.

L'amour de Raymond n'est point une invention. C'était un jeune homme aussi intelligent qu'énergique, aimant Jeanne jusqu'au mensonge. Jacques Darc l'avait accueilli. C'était un gendre qui lui plaisait sous tous les rapports ; ce mariage était peut-être un moyen de retenir son Enfant auprès de la famille ; mais les sympathies du père ne suffisaient pas et le jeune fermier ne pouvant faire partager son amour à Jeanne, s'avisa d'une ruse, pour l'intimider. Il l'assigna donc devant la justice, comme lui ayant fait une promesse de mariage qu'Elle ne voulait pas tenir. JEANNE indignée de cette mauvaise foi que son père encourageait, vint toute seule défendre sa cause devant l'official de Toul, qui lui donna raison en déboutant le pauvre amoureux de ses prétentions.

Nous avons adouci le caractère du capitaine Beaudricourt afin de ne pas entraver l'action. Tout ce que nous faisons dire à nos personnages sur la situation, est de la plus rigoureuse exactitude.

Cette confession faite, nous ne dissimulons point la tâche immense que nous nous sommes imposée :

JEANNE DARC étant au-dessus de toute poésie! Mais, en face du parti pris des monarchiens de propager les falsifications d'un autre âge et des prétentions du clergé à s'emparer de JEANNE DARC, notre devoir était d'écrire cette protestation!

Dans une publication prochaine ayant pour titre *Le Messie du XV⁰ siècle*, nous ferons connaître la puissante influence de JEANNE DARC à travers les âges, et de quel poids a pesé son épée dans la balance du *doute* et de l'incertitude au sujet des dogmes surannés d'une église en ruine : et jusqu'à quel point Sa Force morale et Son Exemple Héroïque ont soutenu *ses Disciples restés fidèles à sa religion de Justice et de Dévouement*, laquelle n'a rien de commun avec *celle* du syllabus et de l'inquisition (*) !...

ENCOURAGEMENT AUX JEUNES

SOMMAIRE

Dictature des noms. — Forces intellectuelles perdues.— Résultats déplorables.— Protestation de Grég. Jeanne contre les comités de théâtres. — Les talons rouges de la littérature. — Petite histoire d'un auteur. — Urgence de la création à Paris du Théâtre National de la Jeune France.

> « Chaque Français a le devoir d'apporter
> « une pierre à l'édifice du Progrès. »
>
> R. O.

Jusqu'à présent, *le mensonge* a eu toute liberté pour débiter ses paradoxes les plus effrontés, ses dogmes les plus erronés; il est temps que la *Vérité* ait ses coudées franches pour affirmer que deux et deux font bien quatre; mais en attendant que les étables d'Augias soient complétement nettoyées, il faut que LES JEUNES, par l'Union et la Fraternité, aident à ce coup de balai si longtemps attendu, qui doit jeter aux gémonies toutes les immondices du vieux monde, cette foule de préjugés stupides, d'abus révoltants, qui comme autant de bandits, s'embusquent sur le chemin des *capacités* pour les étouffer dans l'impasse de la misère et du désespoir !

Dans *le désordre immoral* des régimes qui nous ont précédés, chaque année voit se perdre une quantité considérable de forces morales et intellectuelles, un nombre immense d'œuvres d'une haute portée, anéanties avant d'avoir vu le jour, PAR CEUX-LA MEMES QUI AVAIENT MISSION DE LES FAVORISER !

Cette idolâtrie des éditeurs et des directeurs de théâtres pour les œuvres *quand même* des noms connus, écartant systématiquement tout ce qui ne porte pas la signature des princes du jour (en donnant à ces derniers le privilége d'encombrer la librairie et la scène d'une foule d'insanités), menace de faire descendre au dernier degré de l'absurde notre Littérature et notre Répertoire.

Les résultats de cette situation, c'est que : les travailleurs, passionnés pour *le Devoir qui incombe aux Intelligences* de retirer la lampe de dessous le boisseau, n'ayant pas la possibilité de faire apprécier leurs travaux ; abreuvés de dégoûts, brisés par la fatigue d'une vie intolérable, finissent par renoncer à une carrière ingrate et sans issue, tandis que

d'autres : moins résignés, se raidissant contre leur
mauvais sort, exaspérés de l'ostracisme qui les
frappe dans toutes les œuvres de choix dont ils
voulaient doter leur époque, arrivent non-seule-
ment à la haine des abus dont ils sont les victimes,
mais à mépriser la société tout entière : la rendant
solidaire de ces mêmes abus ; puis, jetant un coup
d'œil sur toutes ces productions nauséabondes, dont
les représentations et les éditions atteignent un
chiffre fabuleux, ils s'écrient, dans l'amertume de
leur désespoir :

Le vice a le succès, la vertu la détresse !...
Hurlons avec les loups, nous aurons la richesse !

Enfin, la colère se joignant à la nécessité de vivre,
ils se jettent à corps perdu dans cette littérature
de morgue et de carrefour, titubant de l'orgie dans
l'ornière de toutes les turpitudes : sautant à pieds
joints dans la fange, ils en éclaboussent les plus
nobles sentiments, bafouent les liens de la famille,
raillent les aspirations les plus élevées, et font des
gorges chaudes des plus grands caractères de notre
Histoire ! Leur héros Rocambole, sous mille noms
différents, revient sans cesse sous toutes les formes ! Oui, il s'est trouvé des écrivains qui n'ont

pas dédaigné de se faire les éducateurs de **MM.** les voleurs et les assassins en parlant leur langage!...

Et ces littérateurs, que l'empire a décorés, nous ont présenté des *grinches* si fashionables dans l'art des virements de fonds..., des *escarpes* si distingués dans leurs façons gracieuses d'*estourbir* un homme ou de *refroidir* une femme, qu'ils ont fait école, à ce point que nos tribunaux en sont chaque jour édifiés.

Nous croyons donc avoir raison d'insister sur l'influence déplorable qu'ont ces sortes d'ouvrages sur les esprits dépravés qui mettent à profit contre la société tout entière les pernicieuses leçons qu'ils y puisent, en la rendant chaque jour victime de son indifférence pour ceux qui la servent avec dévouement.

Ne vaut-il pas mieux cent fois prévenir le mal que d'avoir à le punir?

C'est donc à cette société, inconsciente du mal qu'elle se fait, qu'il convient, dans son propre intérêt, d'encourager les œuvres utiles et les moyens pratiques de réaliser les réformes indispensables à l'amélioration de notre état social !

Qu'on ne nous accuse pas de charger le tableau pour les besoins de la cause. Ne pouvant point ici relater le martyrologe des auteurs ; nous nous contenterons de citer un exemple, entre mille, des difficultés qu'un **homme de talent** peut trouver sur son chemin.

M. Grégoire Jeanne présenta vers 1862, au Théâtre-Français et à l'Odéon, une tragédie en vers : **ULYSSE ET PÉNÉLOPE**, qui n'eut pas même les honneurs de la lecture de la part d'*un comité établi pour cela !*

Voulant sans doute en appeler au public de ce jugement des Thugs littéraires, il fit imprimer sa pièce, qui tomba par hasard dans nos mains, et nous lûmes dans la préface cette plainte qui suit, et que tous les Auteurs dans sa situation auraient dû avoir le courage de reproduire sous toutes les formes !

« **JE PROTESTE** de la manière la plus solennelle « contre les façons autocratiques du directeur de « l'Odéon et de l'administrateur du Théâtre-Fran- « çais à mon égard !

« Comme tous les théâtres, *la Comédie française* et *l'Odéon* ne sont ouverts qu'en vertu d'un privi- lége.... et subventionnés pour encourager et « **mettre** en relief les écrivains qui s'efforcent de « frayer de nouvelles voies, etc., etc.

« Combien de raisons alors pour un directeur et
« un administrateur de se séparer des coteries, des
« camaraderies, de traiter tous les Auteurs qui se
« présentent sur le pied de la plus parfaite égalité.

« Pourquoi, en effet, MM. tels et tels seraient-ils
« admis d'emblée à l'oreille de **M.** le Directeur ou
« de **MM.** du Comité, tandis que les autres sont
« obligés, durant trois, quatre et cinq mois, d'at-
« tendre pour ouïr ces simples paroles : Vous lirez,
« ou vous ne lirez pas!...

« N'y a-t-il que les débutants qui fassent de
« mauvaises pièces? Ne voit-on pas, au contraire,
« tous les jours, les vétérans battus par les nou-
« velles recrues, dans les luttes de l'esprit et de
« l'intelligence?

« Pourquoi donc alors, à moins que ce ne soit
« pour consacrer l'arbitraire, les premiers seraient-
« ils admis d'abord à faire valoir leurs pièces en
« les lisant, tandis que les autres n'auraient pour
« les enterrer qu'une commission d'examen qui
« n'est qu'*une Commission d'exclusion* agissant dans
« l'ombre et composé d'un seul individu toujours
« voilé d'incognito? (*) »

(*) **M. A. N.**, rédacteur d'une feuille d'entr'acte qui
était *commission d'examen*, m'a dit qu'il ne lisait les

Un savant, un érudit doublé d'un habile metteur
en scène, compose une tragédie antique bien autre-
ment attrayante que toutes celles dont on nous a
rebattu les oreilles depuis notre enfance; enfin
M. Grég. Jeanne, avec tant de qualités éminentes,
n'obtient même pas une lecture!... Que peuvent
donc espérer les autres, si c'est le même système
encore aujourd'hui? Il n'a pas changé; qu'on en
juge.

Vers 1869, un auteur, voulant s'assurer l'opinion
d'une personne compétente avant de s'exposer à un
refus, soumit sa pièce à une Artiste du Français,
celle-là même à qui le rôle était destiné. Après
l'avoir lue : « Je jouerai votre pièce avec enthou-
« siasme, dit-elle à l'Auteur. Si les femmes avaient
« chez nous voix au chapitre, je vous appuierais
« avec toute la chaleur de mes convictions; mal-
« heureusement, nous sommes exclues du vote. »

Le Théâtre-Français, peu galant, en est encore à
la loi salique pour les Femmes. Mais passons. L'Au-

manuscrits qu'à une heure du matin, en rentrant des
coulisses ou de l'estaminet, entre un dernier cigare et la
bonne volonté de Morphée. — La belle heure et le bel
état pour juger sainement des ouvrages de l'esprit!

Note de GRÉG. JEANNE.

3.

teur, tout joyeux des bonnes paroles de l'Artiste, porta sa pièce au Secrétaire, qui la lui rendit trois ou quatre mois après avec la formule sacramentelle : *Vous n'êtes pas admis à lecture.* Demandant alors la feuille des *pourquoi,* il ne fut pas plus heureux de ce côté, la feuille des critiques étant supprimée, afin de ne pas risquer les contradictions. N'est-il pas plus commode de n'avoir aucun compte à rendre d'une décision arbitraire? C'est très-commode et tout à fait shah de Perse !

L'Auteur, en rentrant chez lui, fit cette réflexion assez logique, que sa pièce, exaltant le patriotisme et les hautes vertus qu'il développe, en même temps qu'elle flétrissait les trahisons des classes dirigeantes de ce temps-là, pouvant trop facilement s'appliquer à notre époque, il était assez naturel que les *comédiens ordinaires* de l'empereur pussent craindre de fâcheuses allusions pour l'entourage impérial ; mais cette raison n'existait plus en 1870, lors de l'invasion prussienne. Sa pièce était tout à fait de situation, puisqu'elle exaltait la Patrie et ses défenseurs ; et le voilà recommençant ses démarches pour obtenir le même résultat : lecture aussi bien refusée aux Français sous la République que sous l'empire !

« A quoi sert donc ce *comité de lecture* devant lequel on n'est pas admis à lecture? »

Eh, mon Dieu! tous ceux qui ne font pas partie de ses élus, le savent bien, et s'ils avaient eu le courage de protester sous toutes les formes contre les talons rouges de la Littérature, le gouvernement, qui les paye avec le denier des contribuables, les aurait mis à la raison.

Nous aurons donc la franchise de le dire pour tous ceux qui se sentent lésés.

Ces comités de lecture du Français et de l'Odéon servent à étouffer au passage toutes les œuvres qui ne portent pas la marque de fabrique du négociant en lettres qui fournit leurs maisons, ils servent encore à conserver *les deux poids et les deux mesures* qui donnent tout aux uns et ne permettent pas aux autres de vivre.

Cette situation, si désastreuse au point de vue de la régénération morale et intellectuelle de la société, léguée par tous les régimes antérieurs, ne peut plus se prolonger longtemps. Du jour où les principes républicains *pourront être appliqués dans toutes leurs conséquences*, les parasites, les fausses gloires seront mis à la porte, et les fruits secs ne seront plus appelés à juger les œuvres qui sont au-dessus de leur compétence, et, pour notre part, nous déplorons l'injustice des familiers de l'inquisition littéraire et dramatique qui, comme leurs confrères du saint-office, ont toujours des condamnations toutes prêtes contre *les Auteurs nouveaux* qui ne sont pas de leur église, c'est-à-dire du cercle de leur coterie.

Dans une Nation comme la France, dont la capitale voit se multiplier chaque jour les théâtres et les œuvres qui les alimentent, n'est-il pas étrange que LE SEUL qui devrait protester et servir de CONTRE-POIDS aux entraînements malsains précédemment signalés, manque essentiellement aux aspirations et aux vœux de ceux qui veulent le relèvement du Pays?

Un moyen aussi prompt qu'énergique serait la création, à Paris, du *Théâtre National de la Jeune France.*

Les motifs de la création urgente de ce nouveau théâtre sont au nombre de quatre :

1° *La nécessité absolue* d'affranchir le Génie et l'Intelligence de la dictature des administrations et *des noms arrivés;*

2° *L'obligation* d'édifier le Peuple en faisant servir l'histoire à son éducation civique;

3° *Celle* de vulgariser le goût du Beau, du Juste et du Vrai;

4° *Celle* encore de venir en aide aux Auteurs et Artistes.

De tous ces motifs découlent les résultats suivants, dont les avantages n'échapperont à personne :

1° Une carrière immense ouverte AUX JEUNES (dont le talent a le droit de s'affirmer), en leur offrant la création d'un Répertoire entièrement inédit en tous genres;

2° Respect absolu du caractère des personnages de l'histoire et des principaux faits historiques;

3° Prix accessible à toutes les bourses et places d'honneur offertes en prime à la bonne conduite des Ouvriers des deux sexes dans la Famille et l'Atelier;

4° Caisses de secours, encouragements et pensions; représentations hebdomadaires au bénéfice des Artistes victimes des désastres financiers des directions de Paris ou de la Province.

Chez les anciens, le théâtre était une sorte d'école publique où le Peuple apprenait à aimer la Patrie, à respecter la Vertu, à détester et à mépriser le vice.

Le théâtre est un levier puissant pour soulever les consciences contre le crime et rappeler le Citoyen au Devoir. Son charme, les attraits qu'il possède, lui assurent la prépondérance sur la plupart des autres moyens de civilisation ; c'est pourquoi il doit paraître bon à tous les gens sensés de le faire servir aujourd'hui au développement intellectuel, d'un Peuple trop longtemps éprouvé par une série de déplorables exemples et de cruels revers.

Lorsque l'Histoire est mise en scène, elle doit être d'autant plus respectée qu'une foule de travailleurs n'ont pas toujours la possibilité de l'apprendre ailleurs. *Le Théâtre National*, dans l'intérêt de *l'éducation civique*, devrait donc choisir les faits les plus saillants de l'Histoire de France et de l'Histoire universelle, en ouvrant chaque année un concours pour la réception des pièces historiques les mieux réussies, afin de mettre en relief les Bienfaiteurs de l'Humanité sur le piédestal de la reconnaissance publique, en attachant du même coup au pilori de la flétrissure, les persécuteurs du Progrès.

> Le culte du Progrès est nié par l'impie,
> Qui le raille, l'insulte et le nomme utopie.
> Quand l'utopie arrive... elle est la Vérité.

En attendant le règne prochain des capacités,

qui détrônera les usurpations du privilége, il y a bien des choses à faire *en instruction* et *en civisme*; les méthodes et les livres de classes sont à changer ou à modifier, le répertoire dramatique à renouveler.

C'est donc *aux Jeunes de l'Avenir* à travailler dès maintenant au relèvement moral et intellectuel de la société, que les classes dirigeantes se sont tant efforcées de rabaisser pour mieux la dominer.

C'est *aux Jeunes* à marcher avec intrépidité dans le sentier de toutes les améliorations, que LA RÉPUBLIQUE SEULE sait encourager. Lorsqu'il lui sera possible de s'affirmer, la première chose qu'ELLE fera sera de créer, au ministère de l'Instruction publique et des Beaux-Arts, *un comité d'examen*, qui lui-même sera sous la surveillance de l'opinion publique; sa mission aura pour objet d'apprécier les œuvres littéraires en tous genres, de faire imprimer *celles* qui seront dignes de prendre place aux bibliothèques populaires, et de faire jouer les autres, *par ordre*, sur les théâtres subventionnés.

Ainsi donc travaillez, nobles Fils de la France,
Vos guides sont l'Honneur, le Devoir, l'Espérance!...

B. G.

NOTES

---

(1) A ceux qui croient que *l'inquisition* n'a exercé ses tortures que dans le moyen âge, *qu'elle* n'existe plus, et que du reste les mœurs du clergé se sont adoucies ou modifiées au milieu de notre civilisation, etc., etc.

Les faits se chargent de répondre !...

Parmi les premiers qui rempliraient des in-folio, nous n'en choisirons qu'un seul que tout Paris a pu contrôler, dans l'exhibition faite, en 1877, de quatre victimes emmurées vivantes après avoir subi toutes les tortures de l'Inquisition, en 1812. Découvertes en 1861 par l'armée française, à Mexico, dans la démolition du couvent de Santo-Domingo, rapportées en France par M. Marx, avec tous les documents signés par les consuls anglais, espagnol, américains et français, prouvant leur origine.

Il faudrait être dépourvu de toute raison pour affirmer que l'inquisition n'existe plus, parce que nous ne la voyons pas fonctionner en place publique ; à ce sujet, qu'on nous permette une simple question. La police de sûreté entre-t-elle au Vatican ? dans les couvents cloîtrés ?... Sait-elle ce qui se passe dans les cachots sans porte, dont l'entrée se dissimule dans le mur à l'aide d'une pierre qui tourne sur elle-même ?... Les journaux qui nous ont donné des détails sur les supplices infligés aux prisonniers politiques et autres, dans les cachots du Vatican, sous le doux Pie IX, visités pendant la fuite de ce dernier à Civita-Vecchia, ont-ils été démentis ???...

M. Veuillot ne fait-il pas l'éloge de l'inquisition, ainsi que M. de Falloux ?

Léon XIII a-t-il pour secrétaire d'État le cardinal Nina, grand assesseur de l'inquisition romaine et universelle ? Ceux qui en doutent n'ont qu'à voir la *Petite République* du 12 août 1878 et la circulaire de Léon XIII dans *le Siècle* du 1er octobre, même année.

(2) Cette lettre se trouve aux Archives de Lille.

(3) Lettre du sire de Laval, qui vit J. D. au camp et à la cour de Chinon.

L'arrivée de JEANNE à Chinon fut un événement pour tout le monde, qui se partagea aussitôt en deux camps. La belle-mère du roi, la reine Yolande, était à la tête du premier, dont les sympathies pour JEANNE ne se dissimulaient point; le second conduit par La Trémouille, disait qu'il faudrait voir JEANNE à l'œuvre avant de se prononcer.

Pour donner un commencement de satisfaction à ce dernier parti, le roi ordonna un tournois où JEANNE devait courir la lance; Elle s'en acquitta avec une telle supériorité que toute la cour en fut émerveillée.

Le duc d'Alençon et sa jeune femme ne furent pas les moins enthousiastes; ils se sentirent tous deux attirés vers JEANNE, à qui ils vouèrent une profonde estime. Le duc, ce jour là, insista pour lui faire accepter le plus beau cheval de son écurie. JEANNE accepta pour faire plaisir aux deux époux.

Il s'établit bientôt, entre JEANNE et la duchesse, une douce intimité. — Vous voulez donc emmener Monseigneur à la guerre ? disait la jeune femme avec tristesse.

— Eh ! mon Dieu, répondait JEANNE, plus il y aura de

« princes du sang et mieux cela voudra. — Et s'il ne re-
« venait pas ? continuait la duchesse. — N'ayez crainte,
« je vous le ramènerai sain et sauf ! »

Et de fait JEANNE sauva la vie au duc sur les remparts
de la ville d'Orléans, au moment où Elle examinait les
dispositions de l'ennemi, lorsque tout à coup un boulet
se dirige de son côté et va frapper le duc d'Alençon ; mais
JEANNE, prompte comme l'éclair, s'élance sur le duc ;
appuyé sur le coin d'un mur, et le pousse de côté ; le
boulet brise le mur, qui saute en éclats ; le duc, tout
pâle, bégayait un remercîment : — « N'avais-je pas pro-
« mis à la duchesse de vous ramener sain et sauf ? » lui
dit JEANNE avec son bon sourire.

(4) *Jeanne Darc* au tribunal de l'inquisition.

(5) Dépositions des témoins oculaires entendus au
deuxième procès de Révision. Pour toutes ces notes et
autres, voir l'hist. de J. D., par *Lebrun de Charmettes*.

(6) Ceux qui ont vu *le Panopticum* du Dr Sestacq, ex-
posé à Vienne en 73 et vu à Paris en 78, peuvent se faire
une idée du génie infernal des tourmenteurs de l'inquisition. — Ici, c'est une poire d'angoisse qui étouffe les
cris ou le patient lui-même, en lui disloquant la mâ-
choire, — là, c'est la botte espagnole où le patient a la
jambe cuite dans le plomb fondu, — plus loin, c'est une
femme à qui on arrache les seins avec une griffe de fer,
appelée *araignée*. — Ailleurs, c'est un cercle de métal
serré par une vis qui fait sortir les yeux de la tête ou
brise les os. — Enfin la demoiselle de fer s'ouvrant
comme une armoire, garnie à l'intérieur de longs clous
aigus qui s'enfoncent dans les yeux et dans toutes les
parties du corps de ceux qu'on y renferment.

La plume nous tombe des mains pour décrire le reste !!!

(7) Hist. en 4 vol. de *Jeanne Darc*, par Lebrun des Charmettes, chez Arthur Bertrand, 1817, le témoignage de cet auteur nous est d'autant plus précieux qu'il était royaliste, et qu'ayant passé vingt ans de sa vie à réunir les documents authentiques de cette histoire, la vérité en sort terrible pour les ennemis de l'Héroïne.

On sent chez cet écrivain une intention manifeste d'atténuer autant que possible l'infamie des classes dirigeantes à l'égard de *Jeanne Darc*; mais les grosses du procès, numérotées à la bibliothèque, qu'il cite à chaque instant, jettent un jour sinistre sur cet abime d'iniquités et son jugement contre l'inquisition est d'autant plus péremptoire que c'était un catholique !...

(8) L'un d'eux nous adressa la lettre suivante, dans le moment où nous soutenions dans les journaux un combat de plume contre les cléricaux qui prétendent s'emparer de la Patronne de la Jeune France.

LES FIDÈLES DE JEANNE DARC.

A MONSIEUR R. G.

Nous avons lu avec le plus grand plaisir, dans le *Phare de la Loire*, votre article : JEANNE DARC ET SES FIDÈLES, car nous en sommes, *de ses fidèles*, et vos paroles vont au cœur, en exprimant les sentiments de tous les Peuples à l'égard de l'*Illustre Martyre du Clergé !*

Votre article, reproduit dans *l'Abeille des Vosges*, a causé un accès d'hydrophobie à un journal de la localité, qui, par euphémisme, se donne le titre d'*Impartial. Si non e vero, e bene trovato.*

Un de nos frères ... nous adresse cette feuille, aussi réactionnaire qu'exaspérée, en nous exprimant son dédain pour ses incohérences, lesquelles nous ont fait rire et hausser les épaules.

En effet, monsieur, vous avez dû penser, avec nous, que *les sinistres* CAUCHONS *de notre époque* sont assez nombreux et assez connus pour ne pas espérer donner le change sur le but qu'ils poursuivent, en offrant leur nom à leurs adversaires ! Le savant qui prétend vous donner des leçons d'histoire devrait bien retourner à l'école. Du reste, *le système clérical est percé à jour depuis longtemps !* Sa tactique est toute simple : — *Crier* au voleur, chaque fois qu'on le prend la main dans le sac. — *Nier* effrontément le fait le plus authentique qui le gêne. — *Prêter* à ses contradicteurs ses vices et ses crimes !... Et le tour est fait !...

Vous avez exprimé l'opinion générale en disant de JEANNE DARC qu'Elle Est la plus *Illustre Protestante* contre les iniquités cléricales et la *Première* qui ait osé résister *Seule* aux ineptes contradictions de cette foule de docteurs *soutanés, mitrés* et *crossés* essayant en vain d'obscurcir la lumière divine qui éclairait son Ame d'élite !

Sans doute que le monsieur de *l'Impartial des Vosges,* se plaignant avec tant d'amertume que vous accusez notre JEANNE d'hérésie, a dû recevoir un coup de soleil dont les résultats ont été le contraire de ceux de feu saint Paul sur le chemin de Damas !

« Il ne faut pas vouloir la mort du pécheur ; mais qu'il se convertisse. »

Si donc, Monsieur, vous vouliez bien nous écrire quelques mots sur l'hérésie, cette invention cléricale, si fructueuse pour sa caisse, j'ose croire que l'élève du Père Loriquet, son journal et ses lecteurs se convertiraient peut-être, ou du moins comprendraient qu'il peut se trouver en dehors de la secte cléricale une imposante majorité de citoyens honnêtes et respectables à tous les points de vue qui ne méritent pas d'êtres jetés au feu, parce qu'ils mettent Dieu au-dessus des hommes et Jeanne Darc au-dessus de tous les saints de la fabrique de MM. les cléricaux.

Agréez, Monsieur, etc.

MARIO BERTI,
Secrétaire de la Société de la Pensée-Libre.
15 juillet 1878.

F. Philippoteaux.

(1er acte).

JEANNE DARC

J'entends la voix de Dieu! Je dois partir sans crainte.
France, lève ton front, n'exhale plus de plainte...
Le calvaire m'attend!... L'ordre va s'accomplir!
Pour toi je combattrai, pour toi j'irai mourir!

LE DÉPART

DE JEANNE DARC

DRAME HISTORIQUE ET NATIONAL

DÉDIÉ A LA JEUNESSE FRANÇAISE

Par R, G,

1ᵉʳ ACTE : LES PREMIERS COMBATS

2ᵉ ACTE : LES PROPHÉTIES DE L'AVENIR

AVIS. — Pour les costumes de Jeanne Darc, s'en rapporter aux deux dessins de Philippoteaux qu'on trouvera dans notre livre, en ayant soin d'ajouter un manteau au costume du départ avec la toque (retour de Palestine).

(1) Tous les mots historiques de *Jeanne Darc* sont soulignés et renfermés dans des guillemets, il en est de même pour les autres personnages.

PARIS 1879

4

LE DÉPART DE JEANNE DARC

PERSONNAGES

JEANNE DARC, 18 ans, taille svelte et gracieuse. (Expression poétique d'un caractère à la fois doux, énergique, rêveur et enthousiaste.)

ISABELLE, sa mère, 45 ans.

RAYMOND, fermier, 25 ans, manières distinguées.

PIERRE, frère de Jeanne, 15 ans.

JACQUES, son père, 50 ans.

JEAN DE METZ, 45 ans. gentilhomme.

BERTRAND DE POULENGY, gentilhomme.

BEAUDRICOURT, gouverneur de Vaucouleurs.

COLET DE VIENNE, envoyé du roi.

BERNARD, cultivateur.

UNE VOIX dans la coulisse.

Deux amies de JEANNE, l'une de 15 et l'autre de 10 ans.

VILLAGEOISES, VILLAGEOIS, ÉCUYERS, HOMMES D'ARMES.

La scène se passe à Domremy dans le Bois-Chesnu, sous l'arbre du Beau-Mai, en 1429.

LE DÉPART

DE JEANNE DARC

PREMIER ACTE

LES PREMIERS COMBATS

L'entrée du Bois-Chesnu sur une élévation de terrain dominant la campagne. A gauche du spectateur Domremy, le clocher de son église, les pignons de ses maisons se dessinent au loin à l'horizon. Sur le deuxième plan à droite, l'arbre colossal du Beau-Mai. Des couronnes de fleurs sont suspendues aux branches, au milieu du tronc se voit une madone. Au troisième plan, sur le versant de la montée, un chien surveille un troupeau de moutons dont quelques-uns paissent çà et là. Au loin, des montagnes s'effacent à l'horizon.

Au premier plan JEANNE DARC agenouillée, les yeux au ciel, prie les mains jointes et comme ravie en extase, sa quenouille est posée sur une élévation de terrain, non loin de sa houlette fichée en terre près du Beau-Mai.

Une musique céleste en sourdine accompagne *la voix* que JEANNE écoute avec recueillement.

SCÈNE PREMIÈRE

JEANNE, agenouillée, UNE VOIX.

(*Musique.*)

LA VOIX

Salut à Toi, chaste Fille du ciel !...
L'heure a sonné, marche à la délivrance...
Dans Orléans... va, va sauver la France !...
Je te le dis au nom de l'Eternel !
Tu souffriras dans ton âme alarmée,
Noble et vaillante au milieu des combats :
Brisant les fers de la France opprimée !...
Marche au martyre... affronte le trépas !...

. . . .

Salut à Toi, chaste fille du ciel !
L'heure a sonné, marche à la délivrance
Des malheureux. Va, va sauver la France !
Je te le dis, au nom de l'Eternel ! (*)

JEANNE, *se levant avec transport.*

J'entends la voix de Dieu ! je dois partir sans crainte,
France, lève ton front, n'exhale plus de plainte,

(*) Ce signe indique le silence musical.

Le calvaire m'attend !... l'ordre va s'accomplir :
Pour toi je combattrai... pour toi... j'irai mourir !

Elle remonte la scène, regarde au loin, puis redescend.

Mon frère tarde bien... Je le vois dans la plaine.
Il paraît soucieux...

Musique.

SCÈNE II

PIERRE, JEANNE.

PIERRE.

J'arrive du domaine
De notre gouverneur, le sire Beaudricourt,
Qui se donne les airs d'un prince dans sa cour.

JEANNE

Il ne veut pas me voir ?...

PIERRE, *continuant.*

— Je perdais patience
En voyant jusqu'où va des nobles l'insolence.
Après bien des ennuis, l'oncle Durand Laxart
Et moi, dans ce château, nous entrâmes fort tard
Attendant le vouloir du sire capitaine...

JEANNE

Il vous a donc parlé ?...

PIERRE, *lui prenant la main.*

Ne te fais pas de peine ;
Il nous a dit ceci, d'un ton assez railleur :
« *Ce projet est superbe !... il en est de meilleur,*
« *Si vous croyez sauver le royaume de France,*
« *Par le rêve insensé d'une fille en démence !*
« *Vous êtes bien naïfs !... Rentrez à la maison,.*
« *Avec force soufflets rappelez sa raison* » (1).

Il remonte la scène, et va surveiller le troupeau, en regardant au loin.

JEANNE *à elle-même.*

A ses yeux c'est folie !
Mais cet homme de guerre en ce moment oublie
Que le royaume esclave attend un Rédempteur,
Le chef qui doit chasser l'étranger destructeur
Dont la rapacité, l'insigne barbarie,
Ont fait le désespoir d'une grande Patrie !...

. . . .

Changeant de ton.

Nobles, barons et ducs... orgueilleux grands seigneurs,
Qui broyez sous vos pieds les pauvres laboureurs,
Les humbles artisans, les habitants des villes,
Condamnés par vos lois à des œuvres serviles,
Sans pouvoir obtenir la triste liberté
De manger leur pain noir avec sécurité !...
Qu'avez-vous fait pour eux ?... Ils font votre richesse.

(1) Historique.

Et vous, nobles seigneurs, vous causez leur détresse !
Le désastre et le crime accompagnent vos pas,
Vous semez la terreur, vous donnez le trépas !
La mort n'est pas assez : vous avez la torture !
De Dieu vous mutilez la faible créature !

Avec énergie.

Féroces batailleurs, nuls, sans capacité,
De vous l'Anglais se moque avec impunité ;
Eh ! que peut contre lui toute votre arrogance ?
Par vos dissensions vous ruinez la France !...
Au combat d'Azincourt, lorsqu'il fallait marcher
A l'ennemi de suite, on vous voyait chercher
A quel prince donner la suprême puissance,
Pour commander l'armée !... et cette extravagance
A perdu la bataille où des milliers de morts,
Hachés par les Anglais, attestaient les efforts
Des Français courageux dont les chefs en délire,
Ainsi que des moutons, allaient les faire occire !

Avec douleur.

Riez donc, messeigneurs !... Cette défection
Replonge dans le deuil la Grande Nation !...

Vous méprisez le Peuple... Eh ! bien, sans lui, mes sires,
Essayez donc encor de chasser les vampires

Qui rongent jusqu'au cœur le plus noble pays,
En semant sur son sol les plus sanglants débris !
Comment effacez-vous de nos malheurs la trace ?...
Alors qu'il faut agir, vous riez..... le temps passe,
Vos retards imprudents servent les ennemis !

.   .   .   .   ,   ,   .

Avec élan.

Pourquoi tous les Français ne sont-ils pas unis?...

S'attendrissant.

Ah ! je sens dans mon cœur une douleur amère
En voyant les forfaits de cette horrible guerre.

Elle reste accablée et pleure.

.   .   .   .

Vous riez, Beaudricourt, quand des larmes de sang
Inondent mon visage!... Et le mal va croissant :
En vain je veux servir la cause juste et sainte
D'un Peuple agonisant... Vous méprisez ma plainte!...
Mes avertissements, et j'entends chaque jour
Le récit des combats que l'on perd tour à tour !

.   .   .   .   ,

Avec une profonde tristesse.

Ah ! si tant de douleurs excitent le sourire,
Le désespoir du Peuple est suivi du martyre.

Levant les yeux au ciel.

Je dois tout supporter pour finir son malheur...

Jésus fut bafoué!... Je puis l'être, Seigneur!

Pierre descend la scène et regarde de tous côtés.

PIERRE *venant à* JEANNE.

Renonce à tes projets, il y va de ta vie...

JEANNE *avec prière.*

Viens avec moi... Partons...

PIERRE.

Jeanne, je t'en supplie.

JEANNE *résolûment*

Oui, je réussirai!...

PIERRE.

— Malgré le gouverneur?...

JEANNE.

Il cédera quand même!...

PIERRE *avec un peu d'impatience.*

Eh! cet homme est sans cœur.

JEANNE *avec un doux reproche*

M'abandonnerais-tu?... Toi mon ami... mon frère!...

PIERRE *avec élan.*

Non, non, je partirai...

Fausse sortie.

Mon Dieu, voici ma mère!...

SCÈNE III.

JEANNE, PIERRE, ISABELLE

ISABELLE *les ramenant en scène.*

Où courez-vous ainsi, mes enfants bien-aimés ?
Pourquoi cet air contraint ?... en vos cœurs alarmés
Avez-vous pressenti de plus grandes misères ?
Et devons-nous subir des peines plus amères ?

JEANNE *à elle-même.*

Pourrai-je supporter son immense douleur,
Lorsqu'elle va savoir !...

ISABELLE à JEANNE.

       Est-ce un nouveau malheur
Qui doit combler les maux de ce pauvre village,
Déjà si dévasté ?...

PIERRE *avec embarras.*

       Vers un autre rivage
Jeanne veut s'en aller... je dois suivre ses pas...

ISABELLE.

M'abandonner ainsi... Mais vous n'y pensez pas ?

JEANNE, *avec une tristesse résignée.*

Pourquoi vous désoler ?... Je vais où Dieu m'appelle !
Depuis que je suis née, en mon cœur plein de zèle,

J'ai ressenti les maux qu'éprouve le Pays...
En ce temps désastreux ; partout les ennemis
Se disputent le droit de ruiner la France
Qui fléchit sous le joug !... Une seule espérance
Soutient son agonie !... Au comble du malheur
Vers Elle Dieu m'envoie ; il veut de la ferveur
Pour son culte sacré. — Mère, séchez vos larmes,
Dieu commande et je pars !... Je vais prendre les armes.

ISABELLE *s'animant avec énergie*

Non, ta place n'est point au milieu des soldats,
Ces hommes sans pitié qui vivent de combats,
De meurtres et de vols, en brûlant le village !
Bourguignons ou Royaux... ils ont la même rage...
Rançonnés et pillés aussi bien par les deux,
Que le roi soit vainqueur, serons-nous plus heureux ?...

JEANNE.

Mère, je le sais bien, l'homme de guerre impie
Suit l'exemple des chefs et sert leur tyrannie.
Il est bien temps de mettre un terme à leur fureur
En chassant du Pays un prince usurpateur !...
J'irai leur enseigner l'amour de la justice
Et le pur dévoûment...

ISABELLE

              Tu cours au précipice !
Va, tu ne connais pas l'orgueil des grands seigneurs.

Pour nous si dédaigneux, et toujours si flatteurs
Devant le souverain... ils lui feront litière,
Pour t'écraser du poids de leur humeur altière !
Non, jamais, mon enfant, je ne consentirai
A ton éloignement...

JEANNE, respectueusement.

Mère, je partirai !

ISABELLE, avec entrainement.

Comprends mieux ton devoir, n'es-tu donc plus ma fille?
A ce point voudrais-tu désoler ta famille?
Pierre, à moi viens te joindre et rappelle à ta sœur
Les paroles du père...

JEANNE, à part, émue.

— Oh! comme il bat, mon cœur !

PIERRE.

L'autre soir, réunis sur le bord de la route,
Mon frère aîné, mon père et moi, tous à l'écoute !...
La cloche de l'église en glas retentissait,
Et partout l'incendie au loin se dessinait.
Les guerriers d'Armagnac fuyant devant Bourgogne,
Dévastaient les moissons sans raison ni vergogne.
Ceux qui les poursuivaient achevaient les dégâts,
Nous étions indignés contre tous ces soldats !...
— Oh ! dit alors mon père, — en parlant de toi, Jeanne,
Votre sœur a rêvé de quitter la cabane,

Pour aller commander à ces diables d'enfer,
Dont le cœur est semblable à leur habit de fer :
Elle prétend sauver le royaume de France
Avec ces forcenés !.... — Pour moi quelle souffrance,
De songer que ma fille ainsi s'exposerait
A l'insulte, à l'outrage !...   Elle succomberait !... »
— Des pleurs voilaient ses yeux... Mais bientôt sa colère
Remplaça ses regrets... puis parlant à mon frère :
— « Si JEANNE persistait à vouloir s'en aller !...
Je préfère sa mort ! oui, tu peux la noyer !.. »

JEANNE, *avec émotion.*

Mon père a dit cela ?...

PIERRE, *levant la main droite du côté de la madone.*

— Sur la vierge Marie
Je le jure...

ISABELLE, *la serrant dans ses bras.*

— Enfant, reste...

JEANNE, *l'embrassant.*

— Oh ! ma mère chérie.

Un son de cor se fait entendre, ils remontent la scène pour écouter.

ISABELLE, *avec inquiétude à Pierre.*

Un danger nous menace... Assemble le troupeau.
Le seigneur Bourlemont nous ouvre son château.

Conduis-le, dans sa grange, à l'abri du pillage.

(Autre son de cor avec une modulation particulière.)

On annonce un combat pour demain...

PIERRE, *il va au bord du chemin et regarde.*

— Le village

(Appelant son chien.)

Est averti... Médor...

ISABELLE.

— Va, ne perds pas de temps.

PIERRE.

Non, mère...

ISABELLE.

Tu viendras te joindre aux habitants
Qui se lassent enfin des horreurs de la guerre
Et veulent résister...

JEANNE, *avec mélancolie*

Vous le croyez, ma mère?...

ISABELLE.

Je le crois...

PIERRE, *qui s'est rapproché.*

— Ah ! tant mieux.

(On voit le chien courir. Pierre remonte la scène.)

JEANNE, *à elle-même.*

— Puisse la trahison

(A Pierre.)

Ne pas les entraver... Évite la maison.

PIERRE, *à Jeanne.*

(A son chien.)

Oui, sœur... Ici, Médor...

(Il sort, en courant, suivi du chien. — Isabelle regarde à travers les arbres avec inquiétude. — Musique.)

SCÈNE IV

ISABELLE, JEANNE, puis JEAN de METZ et BERTRAND

ISABELLE, *regardant à gauche dans la forêt.*

(Avec inquiétude à Jeanne.)

Vois donc, je tremble comme
La feuille des forêts...

JEANNE, *regardant à son tour.*

-- C'est un bon gentilhomme,
Le comte Jean de Metz... Le sire Poulangy
L'accompagne...

ISABELLE, *à elle-même avec inquiétude.*

— Et pourquoi ces chevaliers ici ?...
Doivent-ils apporter un rayon d'espérance
Ou bien est-ce un danger qu'annonce leur présence ?

JEAN de METZ, *suivi de Bertrand.*

De l'ami Jean de Metz acceptez le salut,
Isabelle, et vous, JEANNE, en apprenant le but
Que vous vous proposez, tous deux sur ces indices,
Nous venons vous offrir notre appui, nos services,
Quand vous voudrez partir, nous guiderons vos pas...
Que Beaudricourt le veuille ou ne le veuille pas !
— Devant le Dieu du ciel et devant votre mère

(Levant la main avec solennité.)

Croyez-en mes serments, je serai votre frère !...

BERTRAND de POULANGY.

Sans crainte, vous pouvez vous confier à moi,
Car, d'un vrai chevalier, je vous donne la foi !

(Tous deux prennent la main de JEANNE qui les accueille.)

JEANNE.

Merci, mes bons seigneurs, j'accepte les prémices
De votre bienveillance et de vos bons offices.

JEAN de METZ.

JEANNE, vous trouverez, chez votre oncle Laxart,
Des habits de guerrier prêts pour votre départ.
Avant peu, nous aurons la réponse au message
Qu'au roi j'ai fait tenir, malgré son entourage
J'espère le convaincre, — en vous nous avons foi.
Et bientôt Beaudricourt aura l'ordre du roi !

BERTRAND de POULANGY.

Le bourg de Vaucouleurs vous offre une monture ;
C'est un coursier solide et d'une fière allure.

ISABELLE, *qui les a écoutés avec angoisse.*

Y pensez-vous, seigneurs ? emmener mon enfant ?...
Cela n'est pas possible et son père défend
Une telle entreprise...

JEAN de METZ.

— Ecoutez, bonne mère,
JEANNE peut tout sauver...

JEANNE.

— Je respecte mon père,
Mais Dieu parle à mon cœur et je dois obéir...

ISABELLE.

Messeigneurs, attendez... son promis va venir...
Il faut sa volonté pour cette longue absence...

JEANNE, *avec une respectueuse fermeté.*

Je n'ai point de promis, et nul n'a la puissance
De changer des décrets arrêtés dans le ciel !...

JEAN de METZ.

JEANNE, nous sommes prêts...

BERTRAND.

(Fausse sortie.)

— Aussitôt votre appel.

ISABELLE, *les retenant.*

Laissez-moi, chers seigneurs, une seule espérance ;
Son fiancé Raymond partage ma souffrance...
Il va se joindre à moi pour ébranler son cœur...
Ma JEANNE... mon enfant ; mais c'est tout mon bonheur !

JEAN de METZ.

Faites, nous comprenons le chagrin d'une mère.
Au revoir...

BERTRAND, *à Jeanne.*

— A bientôt...

lls vont pour sortir par la gauche.)

JEANNE.

Avec vivacité les fait sortir par la droite en leur désignant la route.

— Evitez la rivière.

Les gens du Bourguignon sur ces bords aux aguets,
Ont tendu là leur piége, et gardent tous les gués,
Prenez le court chemin dominé par ce hêtre...

JEAN de METZ et BERTRAND, *en s'en allant.*

JEANNE, comptez sur nous...

Ils disparaissent.)

SCÈNE V

JEANNE, ISABELLE

ISABELLE, *réfléchissant à part.*

— Oui, c'est cela... peut-être !...

(A JEANNE.)

Ma fille... tu le sais... ton père aime Raymond...
Ne le repousse pas... ce jeune homme est si bon.

JEANNE.

Ma mère, je ne puis être sa fiancée,
Je n'appartiens qu'à Dieu !... lui seul a ma pensée !

ISABELLE.

Si c'est un vœu, ma fille, il ne peut t'enchaîner.
A ton âge, on ignore, et Dieu sait pardonner.
Crois-en ta mère, enfant...

JEANNE.

— Je dois obéissance

Aux ordres du Seigneur...

ISABELLE, *avec inquiétude.*

— Ici, quelqu'un s'avance...

(A elle-même.)

J'avais dit à Raymond, de venir nous trouver
Sous l'arbre du beau mai... s'il pouvait arriver ? —
A son amour, peut-être, elle serait sensible ?...

Je n'ose l'espérer !... son cœur est inflexible
Quand, pour Elle, il s'agit de remplir un devoir !...
(On entend sonner du cor, après avoir écouté.)
Pour moi, voici l'instant de rentrer au manoir
Où Jacques doit m'attendre ainsi que la famille ;
Ici, l'endroit est sûr... j'y puis laisser ma fille.

JEANNE, *apercevant Raymond.*

Mère, voici Raymond...

ISABELLE, *le regardant venir.*

— Il est découragé,
-- Avec lui, je te laisse...

JEANNE, *à elle-même.*

-- Il aura son congé.

ISABELLE, *avec tendresse.*

Ton père doit venir te chercher... Sa colère
Est grande contre toi... sois soumise à ton père.
(Isabelle embrasse JEANNE et sort du côté opposé à Raymond.

SCENE VI

JEANNE puis RAYMOND.

RAYMOND, *tristement.*

J'arrive de Bermont où tous nos laboureurs,
Réunis en secret, racontent leurs malheurs !...

Mais, JEANNE, qu'ai-je appris?... Il n'est bruit au village
Que de votre départ!... ce n'est qu'un bavardage,
Qu'excuse le malheur des temps où nous vivons ;
Les gens sont affolés... Aux portes des maisons,
Ils acceptent souvent la fable pour l'histoire.

JEANNE.

Pourtant ils ont dit vrai.

RAYMOND, qui l'a écoutée haletant.

          — Je ne puis pas vous croire.
Vous ne savez donc pas que ma vie est à vous?...
Faut-il vous implorer, me mettre à vos genoux?...

JEANNE, embarrassée.

Vous m'offensez, Raymond...

RAYMOND, à genoux, avec entraînement

          En ce jour, plus de feinte,
JEANNE, vous entendrez de votre ami la plainte.
Je n'osai jusqu'ici vous dire mon secret...
Mais, puisque vous avez prononcé mon arrêt,...
Cet arrêt si cruel qui condamne ma vie,
A souffrir loin de vous une lente agonie...

JEANNE.

Que dites-vous, Raymond?...

5.

RAYMOND.

-- Ma JEANNE, écoutez-moi.
Je ne désirais rien, vous seule étiez ma foi,
Mon bonheur, mon ivresse et ma seule espérance !...
Quoi, vous me repoussez ?... vous gardez le silence.
Ah ! que mon désespoir puisse au moins vous toucher.

(Il se traîne à ses genoux, JEANNE recule.)

JEANNE, *avec dignité.*

A mes devoirs, Raymond, voulez-vous m'arracher ?...

RAYMOND, *avec véhémence.*

Ne pensez pas cela, celui qui vous supplie,
Vous offre devant Dieu son amour et sa vie.
Votre père connaît pour vous mes sentiments,
Il accueillit mes vœux, ainsi que mes serments,
De vous appartenir dans le saint mariage !...
Pour qui voulez-vous donc accomplir ce voyage ?
Qui doit nous séparer ?...

JEANNE.

-- Du ciel je suis la loi,
A Dieu seul j'appartiens, il a reçu ma foi !
Mon ami, je vous plains en mon cœur, en mon âme,
Mais de vous je ne puis jamais être la femme.

(Raymond se lève vivement sur ces derniers mots.)
(S'animant par degré.)

Ma mission sur terre est d'obéir à Dieu !

De sauver le royaume ! au ciel j'ai fait ce vœu !
(Il fait un mouvement de désespoir.)
« Vous ne savez donc pas quelle horrible souffrance
« Torture en ce moment le Peuple de la France?... »
Vous me parlez d'amour lorsque l'iniquité
Nous arrache nos droits et notre liberté !
Tandis que l'oppresseur étend sa félonie,
Vous rêvez le bonheur? et moi je le renie!...
Si les hommes savaient accomplir leur devoir
De combattre le mal!... jamais aucun pouvoir
N'oserait violer l'honneur et la justice
Voilà pourquoi je pars!... je vais entrer en lice,
Pour guider les Français contre les malfaiteurs
Qui se font les valets de nos persécuteurs.
Dussé-je être broyée au milieu des tempêtes
Je leur arracherai le fruit de leurs conquêtes !

RAYMOND, hors de lui.

Eh !... que sont-ils pour moi, les Français en ce jour,
Lorsque je sens mon cœur déchiré par l'amour?
Je n'aime que vous seule... en voulez-vous la preuve?...

JEANNE, levant les yeux au ciel.

O mon Seigneur, pourquoi m'imposer cette épreuve?...

RAYMOND, avec égarement.

Acceptez mon amour et tous deux nous irons
Où vous voudrez, partout, ensemble nous mourrons...

Mais laissez-moi partir avec vous !... Je vous prie
Comme Dieu !... Jeanne aimée... ah ! je vous en supplie,
Ne me refusez pas...

JEANNE, *à elle-même avec attendrissement.*

— Il faut briser ce cœur !
(Haut.)
Vous resterez, Raymond,... le pays et l'honneur
Vous en font un devoir ! — Pourriez-vous, de vos frères,
Abandonner le sol ?... défendez leurs chaumières
Contre les Bourguignons et contre leurs forfaits,
Alors que je m'en vais combattre les Anglais.
(Le consolant)
Soyez mon frère aimé !... — reprenez donc courage,
(Avec explosion.)
Il m'en faut tant, à moi, pour faire ce voyage !...

RAYMOND, *avec désespoir. S'animant par degré.*

Dois-je sacrifier mon bonheur, mon amour ?...
A l'espoir chancelant, de résister un jour
Aux sinistres bandits ! — terreur de nos campagnes
(S'emportant par degrés.)
Que rien ne peut lasser... — Est-il remparts, montagnes,
Pour nous servir d'abris contre leurs attentats ?...
Ils sont organisés pour grever les Etats,
Pour saccager les champs, piétiner sur la gerbe,
Détruire la récolte et les épis en herbe !
Ils ont de l'or, du fer, coulevrines, canons...

Et nous ?... -- nous n'avons rien pour battre ces larrons !
Ils sont bien cuirassés, ils ont de bonnes armes,
Pour nous mettre en lambeaux...--Et se moquant des larmes
Des femmes, des enfants... -- Ils pendent sans merci
Le travailleur des champs ! -- Eh ! qui pourrait ici
Résister à ces preux de potence et de corde ?...
Je ne connais personne ! -- et leur miséricorde
S'étale sur la route, aux arbres des chemins,
Dont les fruits sont chez nous des cadavres humains !...
— Comment lutter contre eux ?... — nos poitrines sont
                              nues...
Où sont nos boucliers pour braver leurs massues !...
Encor si je trouvais des âmes et des cœurs....
Pour marcher vaillamment contre ces malfaiteurs,
J'irais me mesurer avec ces mauvais reîtres :
Mais le pauvre habitant, ruiné, craint les traîtres !...
Il fuit dans les forêts, sanglant, défiguré,
Sans moyen d'existence et le cœur torturé.
Vainement je voudrais lui bien faire comprendre,
Qu'à tous ces écorcheurs il ne faut pas se rendre !

    Après une pause.

-- Vous voulez voir le roi... saura-t-il seulement
Accueillir votre zèle et votre dévouement ?...

    D'un ton prophétique et comme inspiré.

Vous allez d'Orléans faire lever le siége !...
Vous êtes le salut... pour vous sera le piége !

Tout me le dit : mon cœur et mes pressentiments...
Vous allez affronter les plus affreux tourments.

(Avec des larmes dans la voix.)

Les princes de nos jours se vautrent dans le crime
Oh ! JEANNE... croyez-moi, vous serez leur victime !

JEANNE.

Non ! le gentil dauphin voudra bien m'accueillir
Alors qu'il apprendra le brillant avenir
Que le ciel lui réserve, et que de la Lorraine
Une enfant vient briser du royaume la chaîne.

RAYMOND, *exaspéré à lui-même.*

Oh ! mon Dieu, se peut-il qu'aucun raisonnement
Ne puisse l'ébranler dans son entêtement ?...

(Haut.)

— A mes cuisants chagrins vous êtes insensible !
— Mais aux traits des méchants vous servirez de cible !...

(S'emportant.)

— Les grands sont des ingrats et les Peuples aussi...
— De tous leurs Bienfaiteurs ont-ils jamais souci ?
Devant le crime heureux la foule est à plat ventre,
Et va baiser les pieds du bourreau qui l'éventre !...
Tandis que sans vergogne, au front de son Sauveur,
Elle jette la boue, attaque son honneur !
— Savez-vous jusqu'où peut aller la calomnie ?...
— Savez-vous quel venin est bavé par l'envie ?...

S'attendrissant.)

— Ah! j'en frémis pour vous, Ange de pureté...
Sans oser entrevoir toute l'iniquité
Qu'il vous faudra combattre!... — et la noirceur des hom-
Vous fera regretter le pays où nous sommes.   [mes
— *Domremy* vous respecte et tous sont vos amis.

(Avec prière.)

Ah! restez avec nous!...

JEANNE, *avec une douce fermeté.*

— Non, Raymond, *le pays*
« *Ne peut être sauvé que par la jeune fille*
« *Des marches de Lorraine!* » Et que peut la famille
En face des décrets dictés par l'Éternel?...
Nul ne peut entraver la volonté du ciel!...

(S'animant par degré.)

Vous parlez des barons, des bandits et des traîtres,
Serviteurs éhontés des crimes de leurs maîtres...
Mais pour sauver les siens, rien ne doit arrêter
Le courage *d'un Juste*... — Il faut sans hésiter
Défendre l'opprimé... — Quel que soit le supplice,
Mieux vaut cent fois la mort que subir l'injustice!...
Le zèle entraînera les faibles, les poltrons.
Des armes?... On en fait de pierres, de bâtons;
Tout est bien pour châtier ces monstres si perfides
Qui livrent les États à tous ces peuplicides!...
— Il faut savoir braver les serpents, les poisons!

Les lâches, les valets, vivant de trahisons :
— Que me font leur dédain ou bien leur raillerie?...

(Avec compassion.)

D'un Peuple qui se meurt j'irai sauver la vie!...
— Vous parlez des ingrats, méconnaissant le bien,
Flattant les parvenus... pour moi cela n'est rien.

(Avec dignité.)

— *Lorsqu'il faut du Devoir édifier le temple,*
Qu'importent les ingrats!... il faut donner l'exemple
D'un dévoûment sans borne aux maux des malheureux!
— *C'est par un dur chemin que l'on arrive aux cieux!*
Les grands cœurs sont en butte à la haine, à l'envie,
— *Il faut savoir souffrir même la calomnie!*
— Que tous les courtisans et le gentil dauphin
Accueillent mes projets d'un signe de dédain,

(Avec enthousiasme.)

Que m'importe... « *Le Peuple, en sa grande souffrance,*
« *M'attend pour délivrer le royaume de France!* »
Son cœur si dévoué pour le bien de l'Etat,
A toutes les vertus!... Il n'est jamais ingrat.
Ayant toujours souffert, pour le malheur sensible,
En face du péril il devient invincible !
A lui seul mon amour, à lui seul tout mon sang.
Pour le Peuple j'irai braver le plus puissant,
S'il faut pour le sauver me jeter dans l'abîme!...

Dieu du ciel, je suis prête et voici la victime !...

RAYMOND.

Qui l'a écoute avec un sentiment penible, la regarde avec désespoir.

Ainsi vous repoussez mon amour et mes vœux !...
Quand je suis à vos pieds, vous me parlez des cieux !
Des Anglais ! du dauphin !... Votre cœur est de pierre.

(Avec ironie.

Je suis désespéré ! Faites votre prière...

(Suffoque)

Adieu !... c'est pour jamais...

(Il sort dans le plus grand désordre, JEANNE exprime la pitié de son âme. — Musique.)

SCÈNE VII

JEANNE, *agenouillée*, JACQUES, BEAUDRICOURT.

(Ils entrent sans voir Jeanne. Raymond est sorti du côté opposé.

* JACQUES.

— Comprenez le malheur
D'un père de famille, et puis-je, monseigneur,
Songer à ce projet sans frémir de colère ?
Cette enfant m'épouvante et désole sa mère !

BEAUDRICOURT.

Je l'ai dit à son oncle, « il faut la corriger... »

JACQUES, *à lui-même.*

Qui donc dans sa folie a pu l'encourager?
La voyez-vous, Messire... à l'arbre de Marie?...

(Apercevant JEANNE, il la désigne au gouverneur.)

BEAUDRICOURT, *avec légèreté.*

Cet endroit ravissant pousse à la rêverie.

JACQUES *à Jeanne, avec sévérité.*

Approchez près de nous, car devant monseigneur
Je veux vous dire ici ce que j'ai sur le cœur.

(Jeanne se lève et s'approche lentement.)

Croyez-moi, priez moins... ayez plus de franchise...
Le foyer paternel vaut le toit d'une église...
La meilleure prière est la soumission
D'une fille à son père... et votre mission
Est de rester chez nous.:. Vous m'entendez?...

JEANNE, *avec douceur.*

— Oui, père.

JACQUES.

Vous agissez fort mal... toujours dans le mystère.
Pourquoi vouliez-vous donc parler à monseigneur...
Sans que j'en fusse instruit?...

(Jeanne fait un mouvement de crainte.)

BEAUDRICOURT, *à Jeanne.*

— Calmez votre frayeur.

Vous désiriez me voir?... — Expliquez-vous sans crainte,
Je vous écouterai...

JACQUES.

— N'usez d'aucune feinte.

JEANNE, *après un instant de silence.*

Mon père et vous, Messire, apprenez sans détour
Qu'il vous faut accepter mon départ en ce jour.

JACQUES, *avec emportement.*

Malheureuse ! oses-tu parler en ma présence
De quitter ta famille?...

BEAUDRICOURT, *à Jacques.*

— Ayez la complaisance
D'entendre jusqu'au bout l'étonnante raison
Qui l'engage si fort à quitter la maison.
(En souriant.)
Laissez-la s'expliquer, ce serait bien dommage
De ne pas écouter un docteur de cet âge !

JEANNE, *à Beaudricourt.*

Dieu se sert bien souvent d'un humble serviteur
Pour donner des conseils au plus noble seigneur !

BEAUDRICOURT, *avec ironie.*

Vraiment, ma chère enfant, vous parlez à merveille.

JEANNE, *avec autorité.*

Vous ne sentez donc pas qu'un Peuple se réveille,

Épuisé de misère, il a pu défaillir...

BEAUDRICOURT, *appuyant sur les mots.*

Eh !... que prétendez-vous ?...

JEANNE, *de même.*

J'irai le secourir !

BEAUDRICOURT.

Une femme jamais a-t-elle fait la guerre ?...
Croyez-moi, renoncez à semblable chimère.

JACQUES, *avec colère.*

Je suis bouleversé, ma colère est à bout...
C'est une fille ingrate...

(Il veut s'élancer sur JEANNE, Beaudricourt le retient.

BEAUDRICOURT.

— Un instant... après tout

(A Jacques.

Il faudrait pénétrer cet étrange langage,
Avez-vous des soupçons sur quelqu'un du village ?...

JACQUES, *cherchant.*

Je ne connais personne...

BEAUDRICOURT, *à lui-même.*

Ah ! je voudrais savoir

La cause qui l'entraîne à remplir un devoir
Qui ne s'impose pas d'ordinaire à la femme...

(Jacques fait un mouvement d'impatience, Beaudricourt le retient.

Laissez-moi librement lire au fond de son âme,

(A part.)

Je vais l'interroger. Il faut que cette enfant
Ait l'esprit dérangé?... Son père s'en défend...

JACQUES, *l'interrompant.*

Où peut-elle avoir pris l'idée ambitieuse
D'aller parler au roi ?

BEAUDRICOURT.

— La chose est curieuse...
Il convient de connaitre à fond l'absurdité
Avant de recourir à la sévérité.

(A Jeanne.)

Dites-moi, jeune fille, êtes-vous si charmée
D'aller en chevauchant au milieu d'une armée ?...

JEANNE.

Messire, franchement, ce n'est pas mon plaisir.

BEAUDRICOURT.

Depuis combien de temps avez-vous ce désir
Qui tourmente si fort votre unique pensée?...

JEANNE.

Dès mes plus jeunes ans, mon âme était froissée
En voyant du Pays l'effroyable malheur,
« *Et je priais sans cesse, appelant le Seigneur*
« *Au secours de son Peuple !... »*

JACQUES, *avec colère.*

Eh ! voilà son système.

BEAUDRICOURT, *le contenant.*

Ecoutons jusqu'au bout l'habile stratagème...

JACQUES.

Messire, je ne suis qu'un simple laboureur,
Mais...

BEAUDRICOURT.

— Chut...

JEANNE.

— J'avais douze ans lorsque le Créateur
M'apprit sa volonté... Depuis, sur mon passage
J'entendis répéter par des voix son message ;
Sous l'arbre du beau-mai, dans toute la forêt,
J'entends toujours les voix me dicter cet arrêt :
« *Va commander l'armée au royaume de France,*
« *Va, tu l'affranchiras !... »*

BEAUDRICOURT, *avec impatience.*

Mais c'est de la démence !

JACQUES.

Je saurai mettre fin à sa tentation,
En l'enfermant sous clef...

BEAUDRICOURT *lui fait signe de se taire.*

— Votre vocation
(A JEANNE.)
Est peut-être le fait d'un très-adroit compère
Qui s'est joué de vous et de votre prière?...

JEANNE, *avec majesté.*

Seigneur de Beaudricourt, rappelez-vous ceci...
« *Une femme a perdu sans honte ni souci*
« *Le grand pays de France! Et c'est une autre femme*
« *Qui doit le relever!...* »

BEAUDRICOURT, *à lui-même.*

— Sur mon Dieu, sur mon âme,
Cette enfant me renverse...

JEANNE, *avec inspiration.*

— « *Et nul autre que moi*
« *Ne peut sauver l'État et couronner le roi.*
« *Aucun prince ni duc, ni noble ou chef de guerre*
« *Ne pourrait réussir!...* »

BEAUDRICOURT.

Cette tâche sévère
Que le ciel vous impose... eh ! comment la prouver ?...
Avez-vous un moyen ?...

JEANNE, *avec inspiration.*

— Pourquoi vouloir braver
La volonté de Dieu ?... « *Près la cité fidèle,*
« *A Rouvray-Saint-Denis, la bataille mortelle*
« *Est perdue !... Eh ! seigneur ! je vous l'avais prédit !...*
(Baudricourt se trouble.)
« *Dans ma lettre...* »

BEAUDRICOURT *se fouille avec précipitation.*

— Oh ! mon Dieu ! le voilà, cet écrit !...
(Il le lit avec stupéfaction, puis il reprend avec perplexité.)
Mais de la vérité, qui prouve le langage ?...

JEANNE, *avec sévérité.*

« *Votre hésitation a causé le dommage*
« *Qui compromit le siége...* »

SCÈNE VIII

JEANNE, BEAUDRICOURT, JACQUES, COLET DE VIENNE.

COLET DE VIENNE, *une grande lettre à la main.*

— Au sire Beaudricourt.

BEAUDRICOURT.

C'est moi, que voulez-vous ?...

COLET, *lui donnant la lettre.*

— Ceci vient de la cour

De Charle...

BEAUDRICOURT, *après avoir lu la lettre.*

Ah ! ma raison se trouve confondue.
« *Hélas !* JEANNE *a dit vrai...* — *la bataille est perdue !*
(Avec trouble.)

(A Jacques en lui montrant Colet de Vienne.)

— C'est l'envoyé du roi... Je lui dois tous mes soins...
— Allez, Jacques, je veux vous parler sans témoins...
— Laissez JEANNE en ce lieu, vous enverrez la Mère
— La chercher s'il le faut... Ne soyez pas sévère.
— Il est de ces moments où l'on doit être fort
Devant certains devoirs.

JACQUES, *en s'éloignant avec des signes de découragement.*

— Mon Dieu, quel cruel sort !...

6

SCÈNE IX

BEAUDRICOURT, COLET DE VIENNE.

JEANNE remonte la scène. Pierre vient lui parler à voix basse, tandis que Beaudricourt reconduit Jacques amicalement. Lorsque ce dernier a disparu à droite, JEANNE et son frère disparaissent à gauche.

BEAUDRICOURT, *après s'être assuré que personne ne peut les entendre*, à Colet.

Seigneur, je suis à vous...

COLET.

Messire capitaine,
Je dois vous avouer que le roi, fort en peine
Au sujet d'une lettre, arrivée à la cour,
Du comte Jean de Metz, — me commande en ce jour,
De m'entendre avec vous sur cette paysanne
Que l'on dit inspirée et qui s'appelle JEANNE.

BEAUDRICOURT.

Le sire Jean de Metz en dit beaucoup de bien.

COLET.

Mais, fût-elle une sainte, elle ne saura rien
De ce qu'il faut savoir... Vous connaissez l'armée ?..

BEAUDRICOURT.

L'armée attend un maître ! Elle est accoutumée
A vivre en défiance.

COLET.

— Et comment espérer
Qu'une fille des champs puisse lui commander ?

BEAUDRICOURT.

Le roi craint les brocards pour cette tentative,
Je ne prends rien sur moi, par voix consultative,
Dans un conseil privé...

COLET.

Bien...

BEAUDRICOURT.

Écoutez ceci :
Tous les renseignements que j'ai pu prendre ici
Affirment les vertus de la jeune guerrière,
Et tous les environs de son humble chaumière
N'ont qu'une voix pour dire où peut aller son cœur,
Lorsqu'Elle croit pouvoir adoucir un malheur !
Sans manger, bien souvent, le soir d'une bataille,
On la vit au grenier se coucher sur la paille,
C'est qu'au pauvre inconnu, blessé, mourant de faim,
Elle avait tout donné, son toit, son lit, son pain (1)!...

COLET, *à lui-même.*

Mais cela suffit-il pour être chef de guerre ?...

(1) Historique

En ce temps difficile... il serait nécessaire
De vous faire un aveu...

BEAUDRICOURT.

— Parlez...

COLET, *hésitant.*

(Avec explosion.)

— Tout est perdu !...
Le roi cherche un moyen, avant d'être vaincu,
De sauver son honneur... — Nous manquons de subsides,
Les nobles dispersés, — sans parler des perfides...
— Et si peu de soldats pour croire à nos succès...
— Le découragement est parmi les Français !
Aucun plan arrêté... — chacun veut être maître.

BEAUDRICOURT, *à lui-même.*

Celui qu'on croit loyal est bien souvent un traître.

COLET, *qui l'a entendu.*

Oui... Le trésor à sec, c'est un vrai désarroi !...
Donnez-moi votre avis... Que répondrai-je au roi ?...

(Moment de silence.)

BEAUDRICOURT, *réfléchissant.*

Au siége d'Orléans, n'avez-vous pas Xaintrailles ?

COLET, *avec un signe affirmatif*

Notre grand maréchal...

BEAUDRICOURT.

— Il connait les batailles.

COLET.

Oh ! c'est un grand seigneur.

BEAUDRICOURT, *à part.*

C'est un ancien routier
Qui se bat comme un diable et ne fait point quartier.

COLET, *appuyant.*

Lahire le Gascon, un brave capitaine,
Qui de parler au roi ne se fait nulle peine.
En voyant de la cour les fêtes, les splendeurs,
Les chasses, les tournois, les bardes, les jongleurs !
— *De ces plaisirs charmants, que pensez-vous, Lahire ?* »
« Lui dit le souverain. — « *Par saint Denis, cher Sire,*
« Répondit le Gascon en toute liberté,
« *On ne peut perdre un trône avec plus de gaité !* »
— Voilà l'homme !...

BEAUDRICOURT, *souriant.*

—C'est bien, on le connait sincère ;
Mais il n'a pas été toujours aussi sévère,
Car il fut autrefois le chef des écorcheurs !...

6.

COLET.

C'est un vaillant soldat...

BEAUDRICOURT, à part.

— Et le roi des tricheurs.

COLET.

Nous possédons Dunois, le chevalier sans tache.

BEAUDRICOURT, souriant.

Aussi fier qu'Amadis...

COLET, continuant.

— Le comte de Gamache,
Un vrai foudre de guerre, un homme plein d'honneur,

BEAUDRICOURT.

Qui, pour le moindre mot, s'emporte avec fureur.

COLET.

Puis, nous avons encor Girard de la Paglaire.

BEAUDRICOURT.

Capitaine entêté, d'humeur atrabilaire...

COLET.

Gil de Retz...

BEAUDRICOURT, souriant.

— Barbe bleue, aussi dur que railleur.

COLET.

C'est un brave, pourtant?...

BEAUDRICOURT, *souriant.*

— Oui, mais quel ferrailleur!...

(A part.)

Que peut faire au milieu de la horde guerrière
L'Enfant de Domremy, la timide Bergère?...
Sans parler des soldats qui sont des sacripans,
N'est-ce pas l'envoyer dans un vrai guet-apens?

(A Colet.)

Messire, franchement, il m'est fort difficile
De donner un avis... — Le chef le plus habile
Chercherait vainement à se faire obéir
De tous ces grands seigneurs qu'il faudrait maintenir.
— Ce sont rudes gaillards, et toutes ces crinières
Ne pourront se soumettre à l'Enfant des chaumières.
Pour mater ces lions il faudrait un géant
De force herculéenne!... et ce n'est qu'une Enfant!
JEANNE a passé ses jours au sein de la prairie,
Peut-elle s'imposer à la chevalerie?
Revêtir un pouvoir qui ferait des jaloux?
Diriger un combat?...

COLET, *l'approuvant.*

— Je pense comme vous!...

(Tous deux sont plongés dans des réflexions profondes; après un silence.)

— Cependant il faut voir. — Dans l'état où nous sommes,

Si cette Enfant pouvait commander à ces hommes
Si barbares, si fiers et parfois si moutons !...
Si par son influence Elle les rendait bons ?...
Le Peuple n'attend rien, plus rien de la noblesse
Dont les dissensions ont causé sa détresse.
Il espère un Messie émané de son sein,
Qu'il pourrait seconder dans un noble dessein.

BEAUDRICOURT, *avec vivacité.*

A tort et sans raison le Peuple est fanatique.

COLET, *continuant.*

Le prophète Merlin, dans son livre l'indique :
« *Des marches de Lorraine une vierge viendra*
« *Pour délivrer la France!...* »

BEAUDRICOURT *à lui-même, avec terreur.*

— Et le monde y croira?
Je ne connaissais pas de ce nouveau Messie
La légende incroyable, et cette prophétie
Etonnante me trouble...

. COLET.

— Il faut donc un sauveur !

BEAUDRICOURT, *avec impatience.*

Vous êtes décidé?...

COLET.

— Qu'en pensez-vous, seigneur ?...

BEAUDRICOURT.

Je vous l'ai déjà dit : il faudrait un Hercule.

COLET.

Que pouvons-nous risquer de plus?...

BEAUDRICOURT, *vivement.*

— Le ridicule.

Et c'est le plus grand risque !

COLET.

— Avons-nous à choisir ...?

BEAUDRICOURT, *indécis.*

Mon Dieu non ! et pourtant...

COLET.

— Il faudra réfléchir...

S'il convient d'accepter cette unique espérance
Qui, comme une lueur, plane encore sur la France !

BEAUDRICOURT, *s'échauffant.*

Mais rien que ce voyage, au milieu d'ennemis,
Serait un vrai miracle... A peine hors du pays
On la massacrera...

COLET.

— Cela serait horrible...

Cependant il le faut.

BEAUDRICOURT, *avec anxiété.*

— L'entreprise est terrible !
Et dois-je consentir à ce brusque départ
Qui livre cette Enfant, sans défense... au hasard ?...

COLET, *s'apprêtant à sortir.*

Messire gouverneur, à votre résidence
Convoquez un conseil... Qui sait ?... la Providence
Nous réserve peut-être un éclatant succès ?

BEAUDRICOURT, *se décidant.*

Allons... que Dieu nous garde !... et vive les Français !
(Ils sortent en continuant de parler.)

Musique.

FIN DU PREMIER ACTE.

DEUXIEME ACTE

LES PROPHETIES DE L'AVENIR.

ACTE DEUXIÈME

SCÈNE PREMIÈRE

RAYMOND, JEANNE.

JEANNE arrive en filant avec mélancolie et va s'asseoir tristement sous
le Beau Mai : RAYMOND, tenant une rose à la main, la cherche des yeux
sans l'apercevoir.

RAYMOND, *d'une voix altérée.*

J'errais dans la forêt ainsi qu'une âme en peine,
Je voulais fuir ces lieux et mon cœur m'y ramène.
Ne sont-ils pas remplis de son doux souvenir !
Avec émotion.   (L'apercevant en descendant la scène).
Mon Dieu ! je l'aperçois !... Elle va me bannir !...

JEANNE, *levant les yeux sur lui.*

Que voulez-vous, Raymond ?

RAYMOND, *timidement.*

                    — Pardonnez-moi, si j'ose
Vous prier d'accepter cette petite rose,
Que pour vous j'ai cueillie au parc de Bourlémont.

JEANNE *prend la rose et la respire.*

Douce fleur du Pays.... — Merci, pauvre Raymond,
J'en suis reconnaissante à la main qui la donne,
Souffrez que je la mette aux pieds de la Madone :
Elle rappellera dans votre souvenir

Qu'il faut sans hésiter au devoir obéir !
(Elle met la fleur aux pieds de la statuette.

RAYMOND, *avec un sentiment pénible*

Comment pouvez-vous être à la fois si cruelle,
Si douce et si sévère ? Et que vous faisait-elle,
Cette petite fleur ? Pourquoi la dédaigner ?
(Un bruit de pas se fait entendre ; il va à la découverte.
Le chevalier Bertrand.... Faut-il donc m'éloigner ?

JEANNE.

Restez, Raymond.

SCÈNE II

RAYMOND, JEANNE, BERTRAND.

BERTRAND.

— J'apporte une bonne nouvelle.
Le dauphin a reçu le serviteur fidèle
Envoyé par nos soins. J'ai vu le gouverneur ;
Loin de vous entraver, il jure sur l'honneur
Qu'il n'oppose plus rien contre votre entreprise.

RAYMOND, *à part.*

De quoi se mêle-t-il ?

JEANNE, *à elle-même.*

— Je n'en suis pas surprise.

RAYMOND, *à lui-même.*

Ainsi de mon bonheur à jamais englouti
Il ne me reste rien !... De Dieu je suis maudit.

JEANNE, *allant regarder dans la forêt.*

(A Bertrand.)

Seigneur... j'entends ma mère... à travers le feuillage,

(A elle-même.)

Je la vois s'avancer. Partout sa chère image
Me poursuit.... — Et pourtant je ne puis retarder
Mon départ....

BERTRAND, *à Jeanne.*

— Maintenant tout va se décider.

SCÈNE III

ISABELLE, JEANNE, BERTRAND.

ISABELLE, *à Jeanne.*

(A Raymond.)

Je venais te chercher. Que t'a répondu JEANNE ?
Reste-t-elle avec nous ?

RAYMOND, *à Isabelle, avec trouble.*

—Non, non, le malheur plane
Et ma tête se perd.... je me sens défaillir.

BERTRAND, *à Jeanne.*

Votre oncle vous attend.

JEANNE, *avec émotion.*

— Je vais donc accomplir

(A Isabelle.)

L'ordre du Tout-Puissant. Bénissez–moi, ma mère.

(Elle s'agenouille.)

Avant de revêtir les habits de la guerre !

ISABELLE *la relève et l'embrasse avec transport.*

(Levant les yeux vers la Madone.)

Sois bénie à jamais.— Vierge sainte, pitié....
Venez à mon secours.

(Elle est près de défaillir. Jeanne la soutient.)

RAYMOND, *regardant Jeanne.*

— Pas un mot d'amitié
Pour moi qui l'aime tant....

BERTRAND, *à Jeanne.*

— Venez, l'heure s'avance

JEANNE, *à sa mère qui pleure dans ses bras.*

Dieu sera votre appui, comme il est ma puissance !
(A Raymond qui pleure.)
Adieu, pauvre Raymond, ne pleurez pas ainsi....
Vous me fendez le cœur.... je souffre bien aussi.

RAYMOND, *suffoqué.*

Vous abandonnez tout, parents, amis.... chaumière !...

JEANNE, *en pleurant.*

Dites-leur de penser à moi, dans leur prière !

(Elle sort avec sa mère, qu'elle tient embrassée, suivie de Bertrand.)

SCÈNE IV

RAYMOND, seul.

(Il remonte la scène et suit des yeux JEANNE, puis il marche à grands pas
et parcourt la scène en tous sens, paraissant en proie au délire le plus
agité.)

RAYMOND.

Amour !... fatal amour !... je voudrais t'étouffer !...
De son cœur de granit je n'ai pu triompher !...
Elle a vu sans fléchir mes yeux remplis de larmes !...
Et sa rigueur encore ajoutait à ses charmes !...
Elle a meurtri mon cœur.... Je suis à sa merci !
Pourquoi l'aimé-je tant ?... Pourquoi souffrir ainsi ?...

(Il va sous l'arbre du Beau-Mai.)

Ce fut là, sur ce banc et sous l'épais feuillage
De cet arbre enchanté, que je vis son visage,

(Il s'assied.)

Pour la première fois !... (La fête à Domrémy
Se tient toujours auprès de l'arbre favori.)
Je crois la voir encore aux pieds de la Madone
Apportant ses bouquets et sa blanche couronne ;
Tandis que la jeunesse aux danses se livrait,
Les yeux levés au ciel, seule JEANNE priait !
— Tout à coup fasciné par une idée étrange,

(Il se lève avec impétuosité.)

Je crus voir sous ses traits resplendir un archange,

Une auréole d'or couvrait son front si pur,
Puis je ne vis plus rien qu'un nuage d'azur !...
Lorsque JEANNE inspirée acheva sa prière....
Je sentis s'exhaler mon âme tout entière.
J'aurais voulu baiser la trace de ses pas....

(Avec désespoir.)

L'adorer à genoux. Elle ne m'aimait pas !
Vivre sans son amour est un cruel supplice !
Mieux valait me jeter au fond d'un précipice !....
Ah ! JEANNE, que je t'aime !... Et dire que ton cœur
N'appartiendra jamais à d'autres qu'au Seigneur !

(Avec accablement.)

— Mon Dieu, pourquoi m'avoir placé sur son passage ?
Pourquoi l'avoir fait naître et si belle et si sage ?
Me faut-il renoncer à mon plus cher espoir ?...

(Après un silence.)

Bientôt je n'aurai plus le bonheur de la voir.

(Il prend à la madone la rose qu'il embrasse.)

Pauvre petite fleur.... C'est tout ce qui me reste
D'un amour idéal devenu si funeste....
Je voudrais respirer sur tes feuilles encor
Son souffle précieux. Tu seras mon trésor.

(Il la met sur son cœur après l'avoir embrassée, et s'assoit sur le banc,
la tête dans ses mains.)

SCÈNE V

RAYMOND, *assis*, PIERRE, *tout ému.*

PIERRE, *avec agitation.*

Raymond, je te cherchais... Sais-tu que le village
Est dans l'inquiétude?... On s'attend au pillage!
Demain, les Bourguignons, armés de leur flambeau,
Feront de la campagne un immense tombeau!
— Après l'égorgement, nous aurons l'incendie...

RAYMOND, *avec accablement et comme sortant d'un rêve*
douloureux.

Mourir du feu, du fer ou de la perfidie...
Ne faut-il pas mourir, après avoir souffert?...
Que m'importe la mort! la vie est un enfer.

PIERRE, *surpris.*

Si tous les habitants agissaient de la sorte,
Il ne resterait plus ni toit, ni mur, ni porte
Pour abriter un homme en ce pauvre pays!...
Raymond, viens avec nous contre les ennemis!

RAYMOND, *soupirant.*

Eh! je suis ruiné de toutes les manières.
Armagnac a détruit les moissons, les chaumières,
Aussi bien que Bourgogne...

PIERRE, *avec véhémence.*

   — Eh quoi! tu restes là?...
Sans vouloir te venger sur tous ces démons-là?

RAYMOND, *avec une amère ironie.*

Me venger? et sur qui?... Si tu savais, mon Pierre,
Que je ne souffre pas seulement de la guerre,
Que quelqu'un m'a broyé par lambeau tout le cœur!...
   (Pierre paraît abasourdi.)
— A ton âge on ignore une telle douleur...
Ta sœur a désolé mon esprit et mon âme...

PIERRE, *le regardant avec surprise.*

Je ne te comprends pas...

RAYMOND, *avec hésitation.*

     — Je la voulais pour femme,
Elle m'a refusé!... Je me croyais très fort...
   (Mettant la main sur son cœur.)
Eh bien! je le sens là... je suis frappé de mort.

PIERRE.

Je suis jeune, c'est vrai... Ce n'est pas à mon âge
Que l'on peut raisonner sur un pareil langage;
Mais je sais bien que JEANNE à toi n'a rien promis :
Son amour est au ciel... à la France, au Pays.
Tu peux aimer ma sœur, mais toujours comme un frère.

RAYMOND, *avec amertume.*

Enfant, tu ne sais pas qu'il n'est sur cette terre

Nul autre sentiment aussi fort que l'amour.
Le trait qui m'a blessé, jusqu'à mon dernier jour...
Rendra ma vie amère...

(On entend une cloche d'alarme.)
(Pierre remonte la scène en regardant de tous cotés. Raymond se lève.)

PIERRE, *avec agitation.*

Autour de la montagne...
Un groupe s'est formé...

(Il monte dans un arbre pour mieux voir.)

— Je vois dans la campagne
Les habitants courir...

SCENE VI

LES PRÉCÉDENTS, BERNARD.
(Il porte un bras en écharpe et sa tête est enveloppée.

BERNARD, *avec agitation.*

— Eh! Bourgogne, Armagnac
Sont aux prises encore et mettent tout à sac.

PIERRE, *montrant Bernard à Raymond*

Il est blessé, Bernard!...

RAYMOND, *le désignant avec amertume.*

Armagnac et Bourgogne,
Voilà de tes exploits l'admirable besogne.

BERNARD, *avec chagrin.*

Ils en veulent toujours aux pauvres paysans.

RAYMOND, *avec véhémence.*

Oui, de tous nos malheurs, ce sont les artisans !
Ils déchirent le sein de leur mère nourrice,
Et pour le travailleur suppriment la Justice ;
Puis ils vont promener leur étendard sanglant,
Escortés des forfaits attachés à leur flanc.
Voilà les doux loisirs des maîtres de la terre !...

BERNARD.

Ils ont brûlé l'église avec le presbytère.

RAYMOND, *au villageois.*

Dans le grand souterrain du château de Bermont,
N'avez-vous pas sauvé de la grange à Simon
Tout le grain ?...

BERNARD.

   Mais ils ont découvert la retraite,
Et tout est enlevé...

RAYMOND.

   — Douloureuse défaite !...

PIERRE, *tristement.*

Après avoir perdu nos champs, notre maison...

BERNARD.

Que nous restera-t-il ?...

RAYMOND, *avec une sombre indignation.*

— La peste et le poison !

La cloche d'alarme sonne de nouveau. On entend des cris. Le spectateur doit voir une lueur d'incendie. Les paysans fuient épouvantés, poursuivis par les hommes d'armes, dans le fond du théâtre. Pierre remonte dans l'arbre.)

PIERRE, *avec un cri d'angoisse.*

Ah !... je vois Domremy dévoré par les flammes !...

(Raymond fait un geste énergique et soulève un tas de feuilles recouvrant des arbalètes, dont il arme Bernard et Pierre.)

Tiens, Pierre, et vous, Bernard, tirez sur ces infâmes.

PIERRE, *prenant l'arc.*

Mais ces hommes de sang sont des diables d'enfer !

RAYMOND, *visant avec attention.*

Oh ! je tiens sous mon trait un grand casque de fer !...

SCÈNE VII

LES PRÉCÉDENTS, JEAN de METZ.

(Il arrive avec précipitation et les arrête.)

JEAN de METZ.

Que faites-vous, amis ? Cessez toute décharge.
Loin de ce lieu couvert, laissez passer au large
Ces féroces guerriers... Si leur attention
S'éveillait sur ce point, notre réunion

Ne pourrait avoir lieu dans ce secret asile,
Le seul des environs aussi sûr que tranquille.

RAYMOND, à Pierre.

Allons, Pierre, descends... Monseigneur a raison.
Retourne avec Bernard autour de ma maison ;
Tu verras sur la route, au bord de la rivière,
Un endroit élevé tout près d'une clairière,
J'ai mis des armes là pour servir aux amis.

PIERRE, descendant.

Sur moi tu peux compter...

JEAN de METZ, à Pierre et à Bernard.

        — Écoutez un avis :
En sortant de ce bois, allez... hors du village,
Au chemin de Coucey, faire un bruyant tapage.
Les Bourguignons alors iront de ce côté,
Et nous pourrons partir avec sécurité.

RAYMOND, s'élançant.

Je vais les diriger...

JEAN de METZ, le retenant:

        Restez, je vous en prie.

RAYMOND, soucieux.

Que peut-il me vouloir?... Est-ce une flatterie?...

(Pierre et Bernard vont pour sortir, Jean de Metz les retient.)

JEAN de METZ, *à Pierre.*

Ne va pas oublier de prévenir ta Sœur
Qu'on partira d'ici... Tu verras : mon chasseur,
Le sir de Poulangy, son écuyer Valère,
Et préviens tes parents de quitter leur chaumière
Pour Neuf-Château, ce soir...

PIERRE.

Ils sont à Bourlémont.

JEAN de METZ, *lui montrant le chemin.*

Cours...

PIERRE, *en s'en allant.*

— Oui, seigneur.

(Il sort en courant avec Bernard.)

RAYMOND, *réfléchissant.*

— Je pars.

(Il va s'asseoir sur le banc avec accablement.)

SCENE VIII

BERTRAND de POULANGY, RAYMOND.

JEAN de METZ.

— Que pensez-vous, Raymond?...

RAYMOND.

(Cherchant à maîtriser le désordre de ses idées et s'animant par degré.)

Je pense, monseigneur, que l'homme des chaumières
Ne trouve le repos que dans les cimetières...

Que toutes ses vertus sont d'impuissants labeurs
Pour conjurer sa perte!... et que les grands seigneurs
Sont tous ses ennemis...

JEAN de METZ.

— Le chagrin vous égare.
Vous ai-je fait du mal?...

RAYMOND, avec énergie.

— Votre bonté si rare
(Se levant avec impétuosité.)
Est une exception... Voyez de ce côté...
(Il entraîne Jean de Metz et lui fait voir au loin.)
Nos chaumes découverts... le Pays dévasté
Par l'horrible incendie!... Et toutes ces potences
Qui de nos bons seigneurs étalent les vengeances!...
(Avec désespoir.)
Et quand je songe, hélas! que JEANNE va partir...
Pour être leur victime!... Ah! je me sens mourir!

JEAN de METZ.

Je souffre autant que vous de cette violence.
Je méprise la force et veux la résistance.
L'injustice est infâme...

RAYMOND, l'interrompant.

— Et! que devient la loi
Étranglée à plaisir par la mauvaise foi?

JEAN de METZ.

Mais l'expiation vengera les victimes...

RAYMOND, *vivement.*

Alors que les tyrans triomphent dans leurs crimes?...

JEAN de METZ, *avec dignité.*

Leurs succès seront vains... Quant à la mission
De JEANNE.... c'est d'asseoir la grande Nation
En esclave traitée et sublime en constance!
Le Peuple jusqu'ici n'a pas eu d'existence.
JEANNE, réunissant la chaumière au manoir,
Saura guider le Peuple au chemin DU DEVOIR,
Afin qu'il ait un nom, un rang dans le royaume!...

RAYMOND, *à part.*

Certes qu'un paysan vaut bien un gentilhomme.

JEAN de METZ.

Et JEANNE lui rendra ses droits et son honneur.

RAYMOND.

A ce miracle-là, croyez-vous, monseigneur?...

JEAN de METZ, *avec conviction.*

Oui, je crois fermement que *Dieu, dans sa clémence,*
A choisi JEANNE DARC *pour délivrer la France!*...

RAYMOND, *s'emportant par degrés.*

Mais, seigneur, ce n'est pas seulement les Anglais
Qui fomentent la guerre au milieu des Français!...
Avez-vous oublié que la race royale
A contre elle son sang?... un vrai Sardanapale
Qui se vautre dans l'or, la soie et le velours,
Lorsque de faim le peuple expire tous les jours!

Il lui faut des tournois, il lui faut bals et fêtes,
Quand, pour lui, vont tomber des milliers de têtes!...
Trahissant son Pays, sa famille et son nom,
Ce prince criminel qu'on nomme *Jean le Bon*,
A l'étranger se vend, sans souci du scandale,
Et sert nos ennemis dans leur œuvre infernale!...

JEAN de METZ.

Il croit venger son père et punir le Dauphin,
Qui l'a fait mettre à mort...

RAYMOND, *avec amertume.*

       — C'est un triste destin
Qui perd les innocents pour sauver le coupable!...
Si Charle a présidé ce complot déplorable,
Qui fit périr le duc auprès de Montereau,
Son fils doit-il toujours être notre bourreau?...
Mais ce n'est pas assez pour cette pauvre France
D'être livrée aux coups d'une horrible vengeance :
Nos seigneurs, du régent, pour aider ses desseins,
Deviennent espions et se font assassins.
Aussi méritent-ils les faveurs de leur prince,
Ce traître bourguignon qu'il faudrait qu'on évince!...
(Après une pause.)
— Le clergé vient encor, dans sa mauvaise foi,
Compléter tant de maux!... Servant le duc... le roi,
Selon ses intérêts, quelque soit la misère,
Il prélève la dîme et trône au presbytère.

Tandis que la famine étreint les malheureux,
Le prêtre, dans l'aisance, entonne un chant joyeux !

. . . .

Convenez donc, seigneur, que les crimes des princes
Ne pèsent que sur nous ! Charles dans ses provinces
Fort tranquille s'amuse à jouer aux tournois,
Lorsque toute la France est réduite aux abois !

JEAN de METZ, *après l'avoir écouté avec une grande attention.*

Oui, vous avez raison, le cœur, et souvent l'âme,
Manquent à bien des gens... Mais un pouvoir infâme
A depuis si longtemps corrompu le Pays
Que de l'antique honneur il ignore le prix.
Les masses, dans leurs chefs, cruels, sans conscience
Et démoralisés, n'ont plus de confiance.
Il faut absolument l'exemple des vertus
Pour redonner la vie à ces cœurs abattus.
L'*Enfant de Domremy*, par sa seule présence,
Au Peuple désolé peut rendre l'espérance.
Son noble dévoûment, son zèle, sa bonté
Rappelleront aux grands qu'il faut de l'équité !...

(A Raymond, avec sympathie.)

Raymond, croyez-le bien, je comprends votre peine ;
Ce que vous avez dit sur cette lourde chaine
Étreignant le Pays dans un affreux malheur,
Est bien la vérité ! Mais en homme de cœur
Il faut savoir lutter contre un torrent de crimes.

(Avec énergie.)

Combattre les bourreaux et sauver les victimes !
Le découragement est mauvais... — Suivez-moi...
Venez vous réunir aux défenseurs du Droit.

(Raymond fait un mouvement de dédain.)

DES PEUPLES : LE SALUT, LA PLUS CHÈRE ESPÉRANCE,
L'AVENIR TOUT ENTIER, SONT DANS LA LIBRE FRANCE !
SI NOUS N'ARRIVIONS PAS A POUVOIR L'AFFRANCHIR,
ON VERRAIT LE PROGRÈS ET LE MONDE PÉRIR !...

(Après un court silence, il se rapproche de Raymond avec mystère.

Afin de mettre un terme à cette guerre impie !...
Pour défendre leurs toits, le sol de la Patrie,
Nos paysans voudraient un chef déterminé !...
Ils vous estiment tous, ici vous êtes né.
On vous connaît vaillant, actif et plein de zèle,
Nul mieux que vous ne peut être leur chef fidèle.
Je vais vous présenter.

(Il veut l'entraîner.)

RAYMOND, *résistant.*

— Non, non, je veux partir...
Si JEANNE est en danger, je dois la secourir...
Je l'accompagnerai...

JEAN de METZ.

— Cela n'est pas possible.

RAYMOND, *avec douleur, à lui-même.*

Je sais bien que pour moi JEANNE reste insensible,
Mais n'importe, je l'aime...

(Un son de cor se fait entendre.)

JEAN de METZ.

> Ecoutez!... ce signal
M'avertit qu'on m'apporte un message royal.
Mes gens sont près d'ici... Venez — en faisant route
Je vous expliquerai...

(Il l'entraîne.)

RAYMOND, *le suivant.*

> — Je vous suis ; mais je doute
Que vous puissiez, seigneur, me convaincre jamais !...

(Musique.)

SCÈNE IX (1)

Jeanne, vêtue en chevalier, tête nue, l'épée au côté. Musique en sourdine pendant le monologue, mais brillante dans l'indication des visions et toujours conforme aux situations scéniques.

JEANNE, *seule.*

(Elle paraît transfigurée et sous l'empire d'une terrible anxiété)

Dieu le veut !... Et je pars pour le camp des Français !...
Au moment d'accomplir cet arrêt inflexible,
J'éprouve une souffrance... une angoisse indicible !

---

(1) *Nota.* — Les visions indiquées dans le monologue peuvent être représentées par des tableaux plastiques exécutés par les artistes, ou par des transparents peints sur stores, éclairés par la lumière électrique, à la volonté de la direction qui les supprimerait dans le cas où le théâtre ne pourrait se prêter à cette exhibition. Dans ce cas, l'artiste chargée du rôle de Jeanne les verrait seule dans sa pensée et n'en accentuerait pas moins son récit, tout en ménageant ses forces au commencement, afin d'arriver à la fin sans faiblesse.

Seule encor j'ai voulu revoir ce lieu sacré
Où se fortifiait mon cœur désespéré...

(JEANNE retire son manteau, le pose sur le banc et joint les mains dans l'attitude de la prière.)

INVOCATION.

Nobles et purs Esprits qui voyez ma détresse,
Ne m'abandonnez pas, soutenez ma faiblesse.
(L'orage gronde au loin.)
L'orage se déchaîne et je quitte le port...
Dieu du ciel... Dieu puissant, quel doit être mon sort?...
(Elle s'approche du beau-mai.)
Sous cet arbre, souvent, mes voix se font entendre...
Si je pouvais savoir ce que je dois attendre!...
Connaître jusqu'au bout cet étrange avenir
Que le ciel me réserve et que je dois subir!...

. . . .

(Le tonnerre gronde. Elle remonte la scène et regarde au loin.)
(Avec attendrissement.)

Faut-il donc tout quitter, mon pays, ma chaumière,
Mes parents, mes amis... Et toi, ma bonne mère...
Auprès du vieux foyer je n'irai plus m'asseoir,
Qui les consolera lorsque viendra le soir?...
(Le tonnerre se rapproche.)
(Redescendant la scène.)

Ah! pardonnez, mon Dieu! si mon cœur se déchire
Quand soumise à vos lois j'accepte ce martyre.
Tant de pensers cruels ravivent mes douleurs...
De mes pauvres parents, hélas! je vois les pleurs!...
(Le tonnerre redouble.)

Pitié pour eux, Seigneur!... je boirai le calice,
Rien ne peut différer ce cruel sacrifice!

.   .   .   .

(Le théâtre se couvre de nuages et laisse voir les tableaux suivants qui
se déroulent aux yeux des spectateurs.)

1er TABLEAU. — LA CHAUMIÈRE DE JEANNE

Attitude désolée de sa famille.

Mais que vois-je?... mon Père!... Ah! comme sa fureur
Dissimulait pour moi son amère douleur!
Mes Frères et ma Mère!... O mon Dieu! que je souffre!
(Le tableau disparaît.)
Je marche en ce moment sur la pente d'un gouffre.
Mon Esprit et mon cœur s'usent dans ce débat...
(Avec angoisse.)
Mon Dieu, faites cesser ce terrible combat.
(Après une pause, avec résolution.)
Mais il faut à tout prix secourir le royaume...
De l'usurpation détruire le fantôme!...
De l'honneur outragé pousser le noble cri...
Entraîner vers la lutte un Peuple tout meurtri,
Qui s'incline en tremblant dans la honte et les larmes!
(Avec énergie.)
Il faut le retremper et lui donner des armes!
Vaincre ses ennemis... vaincre les trahisons,
En abaissant l'orgueil des plus anciens blasons,
Étouffer dans mes mains un pouvoir arbitraire
(Avec une douloureuse résignation.)
Et gravir la montagne au sommet du Calvaire!!...

(Reprenant son énergie.)

Eh! pourtant il faut bien provoquer le réveil
Du Peuple... et lui gagner une place au soleil!...
A travers les chemins, et quel que soit le piége,
« J'irai dans Orléans faire lever le siége !... »
— Que de difficultés pour convaincre le roi!...

(Avec prière.)

— Aura-t-il confiance?... inspirez-lui la foi,
Dieu puissant, guidez-moi dans ce rude voyage...
Ne m'abandonnez pas, soutenez mon courage...

2ᵉ TABLEAU. — LE CHATEAU DE CHINON

Puis la cour, le roi et les seigneurs.

(Avec joie.)

— Ce pays?... C'est Chinon! Voilà la grande tour...
Nous sommes arrivés... du roi voici la cour...
— Je le vois — il m'évite... — un seigneur prend sa place,
— Mais moi je le connais! — *Ah! Messire, de grâce,*

(Il disparaît.)

« Vous n'êtes point le roi. — Le voici, monseigneur, »
Je suis Jeanne! et je viens combattre l'oppresseur.
« Vous faire couronner à Reims, » la ville sainte !...
— Vous pouvez croire en moi... Sire, je suis sans feinte!...
Voilà les gens d'Eglise !... — ils veulent consulter...
Leur missel... la légende !... — Et pourquoi m'arrêter?...
« Vous voulez un miracle?... » un signe de puissance?...
« Donnez-moi des guerriers. — Je sauverai la France!...

« *Voilà mon signe à moi !* » — C'est là ma mission,
Le temps est précieux... pas de discussion !...
(Après un silence d'anxieuse attente, avec joie.)
— Enfin voilà mes gens, mes écuyers, mes pages,
De tout ce temps perdu, réparons les dommages.
— A cheval, messeigneurs, courons dans Orléans...

3e TABLEAU. — ENTRÉE DE JEANNE A ORLÉANS

D'après Philippoteaux.

Ils viennent m'acclamer, les nobles habitants,
Peuple béni de Dieu... quel transport, quelle ivresse...
Vers moi leurs bras tendus s'ouvrent avec tendresse !...
« Dans le feu des combats si je devais périr... »
« C'est au milieu de vous que je voudrais mourir ! »

4e TABLEAU

LES SEIGNEURS ASSEMBLÉS EN CONSEIL.

« *Messeigneurs, le conseil trace une fausse marche* »,
(Désignant les positions.)
« *Au convoi de secours qui périrait sous l'arche*
« *En passant près du pont miné par les Anglais...*
« *Il faut de la franchise et non pas des biais !*
« *Quand j'avais indiqué le chemin de l'escorte,*
« *Deviez-vous le changer ?...* » — De cette place forte
Les Anglais sont sortis et traquent le convoi !...
« *Vos conseils le perdaient !... je vais le sauver, moi !* »
« *Vous vouliez me tromper... — mais c'est fort inutile,*
« *Mon Droicturier Seigneur* est plus que vous habile ! »

5ᵉ TABLEAU

Représentant une embuscade.

Maintenant il fait nuit : que font tous ces Anglais ?...
Ils parlent à voix basse... — Écoutons... — les Français
S'avancent doucement... — au pied d'une muraille,
Un chef blessé se meurt !...— Mon Dieu, quelle bataille !...
(Avec horreur.)
« *Du sang ! partout du sang !...* » — Ah ! quel monceau
de morts !...
(Après une pause, avec énergie.)
Chargez les ennemis... — Unissez vos efforts,
JEANNE vient vous défendre... — Acclamez sa bannière
C'est l'affranchissement des fils de la chaumière !...
(Changeant de ton.)
— Pourquoi cette terreur ? — Vous fuyez ? — Malheureux...
Montez sur les remparts... à la clarté des feux,
Pointez l'artillerie et que la nuit qui tombe
Etende son linceul sur une immense tombe !...

6ᵉ TABLEAU

Représentant la victoire, Orléans en fête.

(Avec bonheur.)
Vive Dieu, Messeigneurs les Anglais sont à nous !
La France a triomphé !... Mettons-nous à genoux
(Elle s'agenouille.)
Devant le Trois fois Saint qui nous donne la gloire !...
(En se levant, avec enthousiasme.)
A Reims allons chercher le prix de la victoire !

Vous dites, messeigneurs, qu'on n'y peut arriver ?...
Que l'ennemi partout viendrait nous entraver ?...
— « *Et moi je vous l'affirme, aucune forteresse*
» *Ne peut nous arrêter !...* » à cheval, le temps presse.

7e TABLEAU

Représentant l'armée en marche, JEANNE parlant aux habitants
gardant la ville.

Braves gens, opprimés par un usurpateur,
Voici mon étendard, signe libérateur,
Il porte dans ses plis l'honneur et l'espérance,
Il vous affranchira ! Criez vive la France !

8e TABLEAU

Représentant un assaut.

— Mais que vois-je... sur nous vous pointez les canons ?...
(Avec énergie.)
— En avant, mes guerriers, chargez sur ces félons... —
(Parlant aux habitants.)
— En vain vous refusiez de nous livrer passage...
Malgré vous, nous venons, vous tirer du servage !
Lorsqu'il est : le royaume, en danger de périr,
Le devoir des Français est de se réunir !
Pourquoi nous repousser ? Nous sommes la Patrie !...
Dans nos rangs, combattez contre la tyrannie.
(Avec entraînement.)
Ah ! vous m'avez compris !... Vous marchez avec nous !...
A Reims, a Reims, amis, c'est la le rendez-vous !

9ᵉ TABLEAU

L'entrée à Reims.

— La voilà, je la vois, cette cité fidèle!...
— Puissent tous les pays la prendre pour modèle!...
— Que mon cœur est ému!... Ce Peuple généreux
Oubliant sa souffrance accueille tous nos vœux.
            (Avec enthousiasme.)
— J'entends crier Noël!... Dans la foule attendrie,
                        (Avec un cri.)
Une femme s'avance!... — Ah! ma Mère chérie!...

10ᵉ TABLEAU

Le sacre dans l'église.

Je vois mon étendard flotter près du Seigneur!...
« *Il était à la peine, il peut être à l'honneur!...* »
A Paris, maintenant, suivez-moi, mes fidèles,
Qu'importent les remparts, canons ou citadelles!...
        (Après une pause.)   (Avec désespoir.)
— Mes guerriers, où sont-ils?... Le roi les a gardés.
— « *Le prince de Bourgogne et tous ses affidés*
« *Ont gagné leur procès.* »... O Charles, ta faiblesse,
Du Pays épuisé prolonge la détresse!

11ᵉ TABLEAU

L'assaut devant Paris.

(Elle marche en avant et semble frappée, puis elle tombe.)
        (Avec angoisse.)
— Mon sang coule... On me laisse au bord de ce fossé
— Je me sens défaillir! mon cœur est oppressé!...

— Dois-je toujours lutter contre l'ingratitude!...
— Non, non! je veux mourir dans cette solitude!...
(Elle s'affaisse avec désespoir, puis se redresse avec énergie.)
— **Mais le Peuple m'appelle... On veut le désoler!...**
Compiègne est aux abois. « *Ne faut-il pas aller*
« *Au secours de nos gens ?* »

12e TABLEAU

La poursuite hors des murs de Compiègne.

(Elle simule une fuite, puis s'arrête haletante.)
        — Sonnez, clairons d'alarmes,
Car nous sommes trahis! Rentrez, mes hommes d'armes,
— Voilà les Bourguignons!... Mon Dieu, protégez-moi...
— Ils sont à mes côtés!... Ecoutons... ce beffroi,
C'est pour mes ennemis un signal d'allégresse,
Et pour les cœurs français, c'est un glas de détresse!
— **Meurtrie, ensanglantée, on me traîne en prison.**

13e TABLEAU

Intérieur d'un cachot. JEANNE enchaînée.

— **L'aspect de ce cachot ébranle ma raison.**
(Elle marche péniblement.)
— **Vendue à prix d'argent par un seigneur de France**
— **Qui me livre aux Anglais!... Ecoutons la sentence.**
(Elle semble écouter la lecture, sa figure exprime l'indignation.)
— **Un évêque Judas, pour plaire aux ennemis,**
En pleurant
Se fait mon tourmenteur... Adieu, mon doux Pays!...

14ᵉ TABLEAU

Scène de torture, puis la place du bûcher.

— Mes pieds sont enchaînés!…Que vois-je?…la torture!…
Seigneur, ayez pitié de ma faible nature.

(Cri.)

Oh! mon Dieu!… je succombe. Ah! mille fois plutôt
Mourir dans les combats que sur cet échafaud.

(Elle tombe évanouie sous l'arbre du beau-mai.)

SCENE X

JEANNE, *évanouie*, JEAN de METZ, BERTRAND,
Suivis de trois hommes d'armes qui vont s'échelonner sur la montée.

ISABELLE, suivie de RAYMOND et de PIERRE, vêtu en écuyer.

Isabelle s'empresse auprès de JEANNE qu'elle tient dans ses bras en la couvrant de baisers. Raymond, pâle, égaré, semble n'avoir plus conscience que par instants de ce qui se passe. Colet de Vienne tient à la main un parchemin roulé. Jean de Metz et Bertrand surveillent les apprêts du départ.

COLET de VIENNE, *à Jean de Metz.*

Vos écuyers sont prêts?

(Donnant le parchemin à Jean de Metz.)

C'est le dernier message
De Charles notre sire…

(Jean de Metz le lit avec satisfaction.

JEANNE, *revenant à elle et frémissant.*

(A part.)

— Oh! pénible voyage!…

(A Isabelle.)

Que tant je redoutais!… Mère, rassurez-vous!

RAYMOND, *avec soumission*, à JEANNE.

Prenez pour compagnon le plus humble de tous...
Je serai l'écuyer, le valet ou le page
Qui devra vous servir...

JEANNE, *avec bonté, montrant Isabelle.*

Restez dans le village,
Pour consoler ma mère...

RAYMOND, *suffoqué.*

— Ah! c'est le dernier coup.

JEANNE, *le consolant.*

Montrez-vous courageux, soyez fort...

RAYMOND, *à lui-même.*

— Je suis fou.

JEANNE.

N'oubliez pas, ami, que vous êtes mon frère!
Restez dans le Pays, soutenez mon vieux père.

RAYMOND, *d'une voix mourante.*

Puisque vous l'exigez... je dois vous obéir.
(Jean de Metz s'approche et fait signe qu'on attend.)

ISABELLE, *en sanglotant.*

Ah! faut-il te quitter!
(Elle l'embrasse avec effusion.)

8.

JEAN de METZ.

— Il est temps de partir.

ISABELLE, *dans le plus grand trouble.*
(Entre sa fille et son fils.)

Ma JEANNE... mon enfant.

JEANNE, *suffoquée.*

— Adieu, ma bonne Mère.

Que Dieu soit avec vous !

ISABELLE, *suffoquant.*

Ma peine est trop amère.

SCÈNE XI

JEANNE, ISABELLE, JEAN de METZ, BERTRAND, COLET, PIERRE, RAYMOND, BERNARD, les Paysans, Annette et Mangette, les deux petites amies de JEANNE.

LES DEUX PETITES AMIES, *en sanglotant.*

Jeanne, Jeanne !
(Elles se jettent dans ses bras, suffoquées.)

JEANNE, *les serrant sur son cœur, et les embrassant.*
Avec émotion.)

O mon Dieu, cette tendre amitié

Doit se briser encor!... « *Si grande est la pitié*
« *Au royaume de France!...* » Affection si chère,
(Elle les embrasse encore avec effusion en pleurant.)
Faut-il donc vous quitter?... Embrassez-moi, ma mère!
(Les parents reprennent leurs enfants des bras de JEANNE, qui se jette dans ceux de sa mère.)

RAYMOND, *avec égarement.*

Je ne sais vraiment pas si je vis en ce jour.
Est-ce une illusion!... J'espérais son amour.
Ah! je me sens mourir...
(Il chancelle, soutenu par Bernard.)

JEAN DE METZ. *Il lui prend la main et lui montrant les paysans.*

— Ils ont votre promesse!...

BERNARD, *à Raymond qu'il soutient.*

Vous êtes notre chef.

JEAN DE METZ, *à Raymond.*

— Raymond, pas de faiblesse.
Le devoir avant tout...

RAYMOND, *pouvant à peine parler.*

— JEANNE le veut ainsi :

Je reste avec les siens!...

PIERRE, *le serrant dans ses bras.*

— Merci, frère, merci!

Embrassons-nous encor.
(Il l'embrasse. Raymond peut à peine se tenir. Deux jeunes gens s'apercevant de l'état de Raymond le soutiennent et tâchent de lui masquer la vue de JEANNE.

BERNARD, *s'avançant près de* Jeanne.

— Ici tout le village
Est venu souhaiter à Jeanne un bon voyage.

SCÈNE XII

LES MÊMES, BEAUDRICOURT

BEAUDRICOURT, *arrivant avec précipitation.*

J'accours, les ennemis
Sont sur mes pas.

(Mouvement général.)

JEAN DE METZ

— Partons...

(On amène les chevaux, un écuyer tient tout prêt celui de Jeanne que Beaudricourt regarde avec une étrange fixité.)

JEANNE, *s'en apercevant lui dit :*

— Dieu fera mon passage
A travers les dangers.

(Elle embrasse sa mère, et tend la main à tous les villageois qui lui témoignent leur affection. Un groupe de jeunes gens entourent Raymond et cherchent à le consoler, d'autres ont été placés en observation par Bertrand et font le guet. Les femmes entourent Isabelle et la consolent. Tous les groupes sont très animés.)

BEAUDRICOURT, *à Collet en le prenant à part.*
(Lui montrant Jeanne.)

— L'enfant a du courage...
Mais vous n'êtes que six, c'est bien peu, monseigneur,
Pour vous risquer ainsi...

COLET DE VIENNE

— Vous craignez un malheur?

JEAN DE METZ, *qui les a entendus.*

Quoi qu'il puisse arriver... nous saurons nous défendre!

BERTRAND, *à Beaudricourt.*

Au revoir, gouverneur.

(Il lui serre la main.)

TOUS LES PAYSANS, *criant.*

A Jeanne bon succès...

JEANNE, *avec attendrissement.*

— Merci, mes bons amis.

Je vous quitte à regret...

JEAN DE METZ, *de même.*

— Partons sans plus attendre.

BEAUDRICOURT, *après lui avoir serré la main.*

(A Jeanne)

« *Adieu... Jeanne, partez...*

(Jeanne lui fait un signe d'adieu.)

RAYMOND

(En délire essaie de s'arracher aux bras de ses amis qui le soutiennent et veut s'élancer vers Jeanne qui ne peut le voir, masqué qu'il est par les siens.

— Laissez-moi la revoir...

(Avec un cri

Jeanne!

(Il tombe et s'évanouit dans les bras de ses amis qui le posent sur le banc de gazon.

BERNARD, *lui pose la main sur le cœur.*

(Avec prière.)

Raymond, l'amour doit céder au devoir...

(Marque de compassion de la part du groupe qui l'entoure.)

BEAUDRICOURT, *à* JEANNE *et à son escorte.*

« *Advienne que pourra...* »

JEAN DE METZ

— Dieu bénit la journée.

(Il tient l'étrier et aide JEANNE à monter sur son cheval.)

JEANNE, *en selle levant la main et les yeux au ciel.*

« *Affranchir le Pays!... pour cela je suis née!...* »

(Elle disparaît suivie de son escorte, et des villageois le chapeau en l'air.)

TOUS LES VILLAGEOIS, *ensemble.*

Vive la France et vive les Français!

La toile tombe.

FIN

ERRATUM

Rétablir ainsi le haut de la page 66 où un hémistiche a été oublié :

PIERRE, *lui prenant la main.*

                                 Ne te fais pas de peine ;
Il nous a dit ceci, d'un ton assez railleur :
« *Ce projet est superbe!... il en est de meilleur,*
« *Si vous croyez sauver le royaume de France,*
« *Par le rêve insensé d'une fille en démence!*
« *Vous êtes bien naïfs!... Rentrez à la maison,*
« *Avec force soufflets rappelez sa raison* ».
Puis il se mit à rire.

Il remonte la scène, et va surveiller le troupeau, en regardant au loin.

TABLE DU VOLUME

DU MÊME AUTEUR

POUR PARAITRE PROCHAINEMENT

Le Messie du XVᵉ siècle, son influence à travers les âges dans l'affranchissement des Peuples !

Les Idées de Kervenn sur les hommes et les choses.

Les Esséniens du XIXᵉ siècle.

L'Expiation, drame en 5 actes.

Le Siége de Paris et les déceptions de l'opinion publique.

Le Ministère de la Santé publique pour la régénération de la Race française.

Paris. — Typographie N. Blanpain, 7, rue Jeanne.